> Liebe Leserin, lieber Leser,

mit diesem Low-Budget-Führer erleben Sie die spannendsten Seiten von London für wenig Geld – große Kultur, Shoppingspaß und das pulsierende Nachtleben erwarten Sie, ohne das Budget allzu sehr zu belasten. Wir verraten, welche Kulturtempel ohne Eintritt zu besichtigen sind. Wo Sie günstig wohnen und lecker essen können, ohne dabei arm zu werden. Wie man erschwingliche Theatertickets ergattert, für kleines Geld Londons teuerster Musikanlage lauscht und die neuesten Kinofilme für ein Taschengeld sehen kann. Wir lassen Sie wissen, wie Sie nach einer langen Nacht günstig nach Hause kommen, und verraten spannende Alternativen zu den klassischen Sehenswürdigkeiten, bei denen Sie London kennenlernen und nur wenig Geld ausgeben müssen. Entdecken Sie mit diesem Marco Polo Low Budget die cleversten Angebote und gestalten Sie Ihren Aufenthalt so schön und günstig wie möglich. Denn mit Pfunden wuchern kann jeder, sparen ohne zu verzichten dagegen nicht.

Viel Spaß beim Entdecken!

wünscht Ihnen Ihr MARCO POLO Team

UNSER AUTOR

MARTEN HAHN beschloss eine Woche nach dem Brexit-Referendum, nach London zu ziehen. Seitdem lebt und arbeitet er als freier Kulturkorrespondent und Reisejournalist in der britischen Hauptstadt. Dass er in London angekommen ist, weiß er, seit er sich bei Berlin-Besuchen über die späten Öffnungszeiten der Cafés und Barzahlungen beschwert. Kontakt: krass-media.de; instagram.com/martenhahn/

SYMBOLE:

Insider Tipp **MARCO POLO INSIDER-TIPPS**
Von unserem Autor Marten Hahn für Sie entdeckt

KOSTENLOS
Hier zahlen Sie keinen Cent!

INHALT

CLEVER!
Sparfüchse aufgepasst! Mit diesen Tipps und Tricks können Sie zusätzlich Geld sparen oder etwas Besonderes erleben

LUXUS LOW BUDGET
Edles echt günstig! Ob Hotel-Suite, Gourmet-Lunch oder Designer-Outfit. Gehen Sie mit uns auf Schnäppchenjagd

TOP 10

> Schauen, staunen und sparen: Toll, was Sie in London für wenig Geld so alles entdecken und erleben können. Hier die Top-Insider-Tipps unseres Autors auf einen Blick

Insider Tipp

GÜNSTIG ZUM FLUGHAFEN

Flughafenzubringer können sehr teuer sein, nicht so Easybus, der London mit Luton, Gatwick und Stansted verbindet. Wer früh bucht, kann schon für £ 2 mitfahren *(S. 11)*

Insider Tipp

KOSTENLOSE KONZERTE

[137 E1] u. [132 A4]

Jazz-Fans sollten Freitagabend in der Royal Albert Hall vorbeischauen. Im Restaurant der Konzerthalle schluchzt dann das Saxofon und tönt die Trompete (Tisch reservieren) *(S. 18)*. Wer klassische Musik bevorzugt: In St Martin in the Fields kann man wochentags Gratis-Lunchkonzerten lauschen *(S. 20)*

Insider Tipp

BRITISH LIBRARY

[124 A3]

Der interaktiv präsentierte Rundumschlag von der Magna Carta über Shakespeares Folios zu Beatles-Songs ist nicht nur was für Bücherwürmer – und kostet nichts! *(S. 22)*

Insider Tipp

KÖNIGLICHES DESIGN

[137 F2–3]

Die Sammlungen des Victoria & Albert Museums sind so atemberaubend wie die Architektur der Gebäude. Am besten über den neuen Sackler Courtyard einmarschieren und umsonst genießen *(S. 28)*

Insider Tipp

MONUMENT MAL!

[134 A4]

Wem das Geld für St Paul's Cathedral oder das London-Eye-Riesen-

DIE BESTEN LOW BUDGET INSIDER-TIPPS

rad fehlt, der hat von der höchsten freistehenden Säule der Welt Top-Blicke auf die ganze Stadt – für den Preis eines Biers *(S. 38)*

Insider Tipp **BUDGET-TOUREN**

Stadtrundgänge verraten vieles über eine Stadt – doch sie sind meist teuer. Nicht so „Free Tours by Foot", hier zahlt jeder nur das, was er möchte *(S. 43)*

Insider Tipp **BOROUGH MARKET** [144 C3]

Hier sagen sich Vegetarier und Fleischesser „Guten Appetit": Londons berühmtester Food Market bietet eine unendliche Auswahl an Köstlichkeiten und Mahlzeiten ab ca. £ 5 *(S. 73)*

Insider Tipp **SPAR-SCHAMPUS** [0]

Das Amuse-Bouche rühmt sich zurecht, eine der günstigsten Champagner-Bars der Stadt zu sein. Wer nicht will, muss hier keine ganze Flasche bestellen. Ein Glas Fluteau NV gibt's für £ 8.20. Im Restaurant im Obergeschoss kostet er noch weniger. *À votre santé! (S. 77)*

Insider Tipp **LUXUS-SOUND** [124 A2]

Die Barkeeper im Spiritland wissen, wie man einen guten Cocktail mixt. Die eigentliche Attraktion aber ist das teuerste Soundsystem der Stadt. Zum Preis eines Drinks kann man hier in Musik versinken *(S. 81)*

Insider Tipp **YOTEL** [144 C2] u. [144 C4]

Die stylisch weiß und violett designten Kapselhotels an den Flughäfen Heathrow und Gatwick bieten Komfort auf kleinstem Raum und sind preiswert buchbar, pro Nacht oder auch nur für ein paar Stunden Schlaf vor oder nach der Reise *(S. 92)*

> Viele Wege führen preiswert nach London, und man kommt gut und günstig quer durch die Stadt

Die erste Frage lautet natürlich: Wie kommt man am billigsten und besten nach London? Es mag überraschen, aber die Bahn kann preislich durchaus mit den Billigfliegern mithalten, vor allem, da sie mitten in der Stadt ankommt statt an weit außerhalb liegenden Flughäfen und so der Fahrpreis für den Zubringerdienst gespart wird. Für Low-Budget-Reisende ohne jegliche Berührungsängste gilt natürlich außerdem: mitgefahren, mitgespart – die klassischen Mitfahrzentralen sind ins 21. Jh. gedüst und arbeiten jetzt viel benutzerfreundlicher und vernetzter. Anbieter wie BlaBlaCar *(www.blablacar.de)* machen der Mitfahrzentrale *(www.mifaz.de)* Konkurrenz. Wenn Sie dann in London angekommen sind, stehen durch den gut ausgebauten öffentlichen Nahverkehr ganz unterschiedliche Möglichkeiten zur Verfügung, die Stadt zu entdecken: Von der ältesten U-Bahn der Welt über Doppeldeckerbusse bis hin zum Themse-Boot fährt alles durch die britische Metropole. Der in Deutschland verbotene Taxi-Schreck Uber macht den traditionellen Black Cabs mit günstigen Preisen die Kunden abspenstig. Weitere Touren finden Sie im Kapitel „Mehr erleben“ *(ab Seite 43).*

START IN DIE STADT

ANREISE

BILLIGFLÜGE

Zielflughäfen für Billigflüge nach London sind die teilweise recht weit außerhalb gelegenen Airports Stansted, Luton und Gatwick; der Flughafen Heathrow wird eher von Liniengesellschaften angesteuert. Eurowings *(www.eurowings.com)*, Norwegian *(www.norwegian.com)*, Easyjet *(www.easyjet.com)* und Swiss *(www.swiss.com)* haben London im Angebot und bieten etwas besseren Service als die Budget-Airline Ryanair *(www.ryanair.com)*; schon ab 30 Euro fürs Hin- und Rückflugticket ist man zu bestimmten Terminen dabei. Man sollte auch die Homepages von Lufthansa *(www.lufthansa.com)* und British Airways *(www.ba.com)* checken, da dort oft interessante Sonderaktionen laufen (ab ca. 60 Euro pro Strecke). Portale wie *www.lastminute.com, www.expedia.de* und *www.skyscanner.com* sind bekannte Buchungshilfen, *www.swoodoo.com* sucht nicht nur bei Billigfliegern und regulären Airlines, sondern auch bei Online-Reisebüros.

GÜNSTIG PER BAHN

Mit dem Zug unter dem Ärmelkanal nach London zu fahren, ist nicht nur ökologisch sinnvoll und weitgehend stressfrei, sondern kann auch preislich gut mithalten, zumal durch die Ankunft mitten in der Stadt Kosten und Zeitaufwand für teure Zubringerzüge entfallen. Das „London-Spezial"-Ticket für den ICE/Eurostar

Insider Tipp

startet bei 59,90 Euro für die einfache Fahrt von jedem deutschen Bahnhof – Kontingente sind limitiert, also früh buchen (ab drei Monate vor Fahrtermin). Wer regulär über Brüssel fährt (statt mit dem teureren Thalys über Paris), kann auch ein Online-Ticket buchen. *Einfache Fahrt ab 59,90 Euro | www.bahn.de*

GÜNSTIG MIT DEM BUS

Auch per Bus geht es billig nach London, Europabus Spezial etwa lockt mit Sparpreisen ab 43 Euro *(www.eurolines.de)* für die einfache Strecke ab Köln. Bei Flixbus *(www.flixbus.de)* gibt es Tickets ab 25 Euro. Die Busfirma Mango Tours bietet verschiedene Kurztrips zwischen 2,5 und 5,5 Tagen an (vornehmlich für junge Leute). *Kurztrip Mango Tours ab 49 Euro | www.mango-tours.de*

MIT DEM AUTO/FÄHRE

Das Auto nach London zu schippern, lohnt sich eigentlich nur für Leute, die noch andere Regionen Englands bereisen wollen; Fährpreise (über *www.directferries.de*) beginnen bei etwa 100 Euro für Hin- und Rückfahrt. Parkplätze in London sind teuer, die City-Maut schlägt mit £11.50 pro Tag zu Buche – also lieber das Auto zu Hause lassen.

MITFAHRGELEGENHEITEN

Die Zeiten von Mitfahrzentrale.de und Mitfahrgelegenheit.de sind vorbei. Der größte Anbieter in Deutschland heißt heute Blablacar *(www.blablacar.de)*. Hier findet man zahlreiche Mitfahrgelegenheiten nach London. Je nachdem, wo man startet, kostet eine Strecke zwischen 35 und 100 Euro. Weitere Homepages von Mitfahrzentralen sind *www.adac-mitfahrclub.de* und *www.drive2day.de*.

WOHIN ZUERST?

Wer in London gelandet ist, sollte gleich eine Travelcard oder Oyster Card *(S. 10)* kaufen – damit kann man nach dem Verstauen des Gepäcks in der Unterkunft problemlos und preiswert allererste Eindrücke von der Metropole genießen. Die besten Möglichkeiten: Linie RV 1 verkehrt mit modernen Bussen zwischen Covent Garden und Tower Gateway; hier beinhaltet Ihr Ticket eine Fahrt über die Tower Bridge, und anschließend passieren Sie South-Bank-Sehenswürdigkeiten wie das London-Eye-Riesenrad, die im-

Bild: Ein Ticket für die Linie RV 1 beinhaltet eine Fahrt über die Tower Bridge posante Tate-Modern-Kunstgalerie und den Borough Market. Das Herzstück der Linie Nr. 3 bringt Sie vom Oxford Circus über Regent Street, Piccadilly Circus, Trafalgar Square und Whitehall zu den Houses of Parliament und Big Ben. Auf der Route Nr. 15 (Tower Hill–Trafalgar Square) setzt man zwischen 9.30 und 18.30 Uhr sogar alle Viertelstunde einen klassischen Routemaster-Doppeldecker-Bus ein *(Routenverlauf auf www.tfl.gov.uk/bus/route/15/)*. Wenn Sie viel erleben möchten, kaufen Sie am besten noch zu Hause den London Pass *(www.londonpass.de)*, der freien Eintritt zu über 80 Attraktionen bietet *(S. 11)*.

IN LONDON UNTERWEGS

BUS UND BAHN

Londons öffentlicher Nahverkehr ist gut und relativ zuverlässig, aber nicht billig; für die kürzeste U-Bahnstrecke zahlen Sie bereits £2.40. Travelcards (Papiertickets für einen Tag oder eine Woche) bringen die teuren ÖPNV-Kosten unter Kontrolle. Sie können für £12.70 einen Tag lang das gesamte Netz von Bus, U-Bahn und Docklands Light Railway sowie der Overground benutzen – für längere Zeiträume wird's noch billiger. Travelcards löst man am Fahrscheinautomaten bzw. am Schalter der U-Bahn-Stationen oder in einem der Kioske und Tante-Emma-Läden mit dem blauen Oyster-Logo. Die Doppeldecker-Busse können Sie damit auch benutzen. Noch billiger wird es mit der Oyster Card, einer bargeldlosen wieder aufladbaren Fahrkarte, für die Sie £5 Pfandgebühr hinterlegen müssen. Visitor Oyster Cards kann man bereits nach Ankunft an den Flughäfen Gatwick und Stansted kaufen. Eine einfache Fahrt kostet nur £2.40 und man bezahlt nur so lange, bis der Preise einer Tageskarte erreicht ist – danach geht's kostenlos weiter. Achtung: Bei der Oyster Card in keinem Fall vergessen, jedes Mal den Kartenleser zu benutzen. *Infos zu Travelcard und Oyster Card unter www.visitbritainshop.com | Oyster Card Tagesmaximum £6.80 in den Zonen 1–2, | www.tfl.gov.uk*

Insider Tipp

BUS UND BAHN VOM AIRPORT

Generell gilt: Züge sind teuer und schnell, Busse preiswert und langsam. Die Heathrow-, Stansted- und Gatwick-Express-Züge fahren schnell und häufig, bieten z.T. sogar

WLAN an Bord, kosten aber viel (Heathrow einfach z.B. ab £22 bei Online-Buchung, Sondertarife u.a. für Gruppen und Kinder). Von Heathrow ist Heathrow Connect *(www.heathrowconnect.com)* eine günstigere Alternative für weniger als £10.30 (einfache Fahrt, alle halbe Stunde nach Paddington). Von Gatwick fahren Sie mit Southern bis Victoria ab £32.40 hin und zurück. Wer über Easybus *(www.easybus.co.uk)* Bustickets im Voraus online bucht, spart ebenfalls kräftig: Insider Tipp Ab £4 fahren Busse von Luton, Stansted und Gatwick hin und zurück, je früher Sie buchen, desto weniger müssen Sie zahlen.

LONDON PASS

Wer genau weiß, dass er möglichst viel in möglichst kurzer Zeit sehen will, kann sich bereits zu Hause den London Pass bestellen, einen Ausweis, der einen Tag (£66), zwei Tage (£91) oder länger freien Eintritt zu über 80 Attraktionen ermöglicht. In einigen davon darf mit dieser Karte sogar die Warteschlange umgangen werden. Außerdem gibt es Rabatt in ausgesuchten Restaurants. Es gibt den London Pass auch mit Oyster-Card-Funktion *(www.londonpass.de)*.

MIT DEM TAXI

Die komfortabelste Art des Flughafen-Transports – und bei den hohen Preisen für die Zubringerzüge durchaus zu erwägen! – ist das Taxi. Die Firma BA Transfer beispielsweise macht ausschließlich Airport-Fahrten und kann konkurrenzfähige Raten anbieten, z.B. ab rund £50 pro Auto vom Flughafen in die Innenstadt bis zur Haustür. Wer sich unbürokratisch auf der Website als Mitglied registriert, bekommt Insider Tipp 5 Prozent Rabatt *(Tel. 89002299 | www.batransfer.com)*. Eine ebenfalls günstige Variante sind die Taxis des Anbieters Uber *(www.uber.com)* – zu bestellen per App. Zu Redaktionsschluss stritt sich Uber noch mit den Londoner Behörden um die Verlängerung der Taxi-Lizenz, fuhr jedoch ohne Einschränkung.

PER CITY BIKE

Auch London hat sein Leihfahrrad-Programm – im Volksmund „Boris Bikes" – nach Londons ehemaligem Bürgermeister Boris Johnson. 24 Stunden pro Tag, sieben Tage die Woche kann man die robusten Aluminium-Räder mit Dreigangschaltung in Anspruch nehmen. Fahrten unter 30 Minuten sind gratis! Mit

Visa- oder Mastercard-Kreditkarte gehen Sie zur Docking Station – in der Innenstadt alle 400–500 m, erkennbar an dem blau abgewandelten U-Bahn-Schild CYCLE HIRE – und folgen den simplen Anweisungen, um ein Fahrrad abzulösen; bis zu ein paar Stunden lohnt sich dieses System *(www.tfl.gov.uk/modes/cycling/santander-cycles)*. Für alles, was drüber hinausgeht, kontaktieren Sie besser einen Anbieter wie *www.londonbicycle.com. 1 Std. £3.50, 1 Tag £20, 2 Tage £30, 1 Woche £50*

PER SIGHTSEEING-BUS

Die harte Realität: Eine Doppeldecker-Sightseeingtour durch London kostet £29. Aber es gibt Möglichkeiten, den Preis zu drücken: Sie sparen z. B. £10, wenn Sie eine Nachtfahrt im „See London By Night"-Bus machen *(£18 | Tel. 71834744 | www.seelondonbynight.com)*. Und wer Madame Tussauds auf seiner Checkliste hat, schlägt mit einem Online-Kombiticket für £51.50 von The Original Tours *(www.theoriginaltour.com)* gleich drei Fliegen mit einer Klappe: Sightseeing-Tour im Doppeldecker-Bus, Themse-Fahrt, Top-Ticket für Madame Tussauds.

STADTFÜHRUNGEN

Wer gut zu Fuß ist, kann gegenüber den Bustouren sparen: Free Tours by Foot *(freetoursbyfoot.com)* bietet Rundgänge grundsätzlich kostenlos an – jeder zahlt am Ende das, was es ihm wert war. Die Touren von London Walks *(www.walks.com)* kosten £10, dafür wird man von erfahrenen, witzigen Guides geleitet. Für ein paar Pfund mehr werden deutschsprachige Touren angeboten. *£17 für Erwachsene, online £1.70 Rabatt | www.londontoursaufdeutsch.com*

UNTERWEGS MIT DEM BOOT

Die Sightseeing-Bootsfahrten von City Cruises *(www.citycruises.com)* lohnen sich: Mit Rabatt für Ihre Travelcard schippert sich's in einer Stunde (mit Kommentar) für rund £10 nach Greenwich. Mit Travelcard-Rabatt können Sie auch schnellere Pendlerboote nehmen (Anleger z. B. London Eye, St Katherine's Dock, Canary Wharf oder North Greenwich, *www.thamesclippers.com*).

KOMMUNIKATION

GÜNSTIG TELEFONIEREN

Seit in der EU Roaming-Gebühren abgeschafft wurden, kann man im

EU-Ausland sorglos zum Telefon greifen. Londonbesucher telefonieren und surfen zum Tarif ihres deutschen Handyvertrags. Es gibt jedoch Einschränkungen: Die Fair-Use-Regelung sorgt dafür, dass für Verbraucher, die innerhalb von vier Monaten mehr im Ausland als zu Hause telefonieren, zusätzliche Gebühren anfallen. Außerdem legen viele Anbieter eine Datenobergrenze fest. Der anstehende Brexit könnte dem EU-Roaming-Spaß bald ein Ende setzen. Sollten die Gebühren wieder steigen, lohnt es sich dann möglicherweise wieder, in den Ankunftshallen der Londoner Flughäfen nach einer britischen SIM-Karte zu greifen. Die Vorwahl für London aus Deutschland ist 0044-20; innerhalb Großbritanniens wird die 020 vorgewählt.

STADTMAGAZIN

Die Online-Version des etablierten Stadtmagazins „Time Out“ *(www.timeout.com/london)* ist nicht schlecht, aber an die Rabatt-Gutscheine und Infos zu „Free London“ kommt man einfacher in der kostenlosen, wöchentlichen Printversion. In großen roten Lettern werden die Gratis-Events als „FREE“ ausgewiesen.

ZEITUNG KOSTENLOS

Die Abendzeitung „Evening Standard“ etwa ist kostenfrei und wird z. B. in den U-Bahn-Stationen und in Museen verteilt. Hier erfährt man gratis News und Klatsch aus London, welche Kaufhäuser gerade Angebote laufen haben, welche Restaurants 2-for-1-Schnäppchen bieten und dazu auch Informationen zu Gratis-Events.

INFORMATIONEN

LONDON INFORMATION CENTRE

Eine zentrale Anlaufstelle für persönliche Beratung in verschiedenen Sprachen, Ticketverkauf und vielfältiges Material über die Stadt ist das City of London Information Centre gegenüber von St Paul's Cathedral *(Mo–Sa 9.30–17.30, So 10–16 Uhr | Tel. 73 32 14 56 | St Paul's Churchyard | U-Bahn: St Paul's | Weitere Informationsstellen dieser Art sind in der ganzen Stadt verteilt)*. Die Website *www.visitlondon.com (bzw. www.visitlondon.com/de)* bietet umfassende Infos zur Stadt, u. a. auch die Rubrik „London mit Reisebudget“. Weitere Websites zum Thema sind zum Beispiel *www.londonforfree.net* und *www.thefirstpint.co.uk.*

TOP 10

> Das sollten Sie nicht verpassen, auch wenn das Erlebnis schon mal etwas teurer sein kann – dafür kommen Sie in andere wichtige Sehenswürdigkeiten völlig kostenlos rein!

1 BRITISH MUSEUM [132 A1]

Großbritanniens besucherstärkste Kulturattraktion lockt (gratis!) mit Highlights von ägyptischen Mumien bis zu alten englischen Goldschätzen. *Eintritt frei | Sa–Do 10–17.30, Fr bis 20.30 Uhr | Great Russell Street | Tel. 73238181 | www.britishmuseum.org | U-Bahn: Russell Square | Bloomsbury*

2 GREENWICH [0]

Nehmen Sie das Boot in die Heimat der Zeitrechnung. Außerdem wartet das National Maritime Museum. *Eintritt Museum £9 | tgl. 10–17 Uhr | Romney Road | Tel. 88584422 | www.rmg.co.uk | U-Bahn: Cutty Sark | Greenwich | Boote: www.thamesclippers.com*

3 LONDON EYE [140 B1]

In Europas höchstem Riesenrad schön langsam über den Houses of Parliament und Big Ben zu schweben, ist die stilvollste Art, Ihren Citytrip zu starten. *Eintritt £27 (online schon ab £24.30) | Öffnungszeiten variieren, Sommer tgl. 10–20.30 Uhr | Westminster Bridge Road | Tel. (0)871 7813000 | www.londoneye.com | U-Bahn: Waterloo | South Bank*

4 MADAME TUSSAUDS [122 C5]

Ein Foto mit der Queen oder David Beckham gehört für viele zum Londonbesuch dazu. *Eintritt ab £29 bei Online-Buchung; Kombi-Tickets, z. B. London Eye + Madame Tussauds, sind oft günstiger | Mo–Fr 10–16, Sa und So 9–16 Uhr | Marylebone Road | Tel. (0)871 8943000 | www.madametussauds.com | U-Bahn: Baker Street | Marylebone*

5 ST PAUL'S CATHEDRAL [133 E3]

Knapp 400 Stufen bringen Sie über die Flüstergalerie hoch zur Kuppel der Kathedrale mit tollen Blicken weit über die City. *Eintritt £16 (Online-Ticket) | Mo–Sa 8.30–16.30 Uhr | St Paul's*

Churchyard | Tel. 72 46 83 57 | www.stpauls.co.uk | U-Bahn: St Paul's | City

6 TATE MODERN & TATE BRITAIN [133 E4] u. [140 A4]

Für Kunstfreunde: das Museum für moderne Kunst sowie die Tate Britain mit britischer Kunst aus fünf Jahrhunderten. *Tate Modern: Eintritt frei | So–Do 10–18, Fr und Sa 10–22 Uhr | Bankside | Tel. 78 87 88 88 | www.tate.org.uk | U-Bahn: Southwark | St Paul's; Tate Britain: Eintritt frei | Mo–So 10–18 Uhr | Millbank | Tel. 78 87 88 88 | U-Bahn: Pimlico*

7 „TEA AT THE RITZ" [131 E4]

£ 57 für die berühmte Teezeremonie sind astronomisch teuer, aber den feinsten Tee und die besten Fingersandwiches muss man einmal im Leben genossen haben. Achtung: Dresscode formal. *Tgl. 11.30–19.30 Uhr | 150 Piccadilly | Tel. 73 00 23 45 | www.theritzlondon.com | U-Bahn: Green Park | Piccadilly*

8 TOWER BRIDGE [134 B4/5]

Die neugotische Klappbrücke von 1894 sollte man auf den „Walkways" überqueren. Eine Ausstellung erzählt die Geschichte. *Eintritt £ 8.70 (Online-Ticket) | Sommer 10–17.30, Winter 9.30–17 Uhr | Tower Bridge Road | Tel. 74 03 37 61 | www.towerbridge.org.uk | U-Bahn: Tower Hill, London Bridge | City*

9 TOWER OF LONDON [134 B4]

Der Tower ist eines der ältesten Gebäude der Stadt, hier werden u. a. die britischen Kronjuwelen und eine große Waffensammlung aufbewahrt. *Eintritt £ 21.50 (Online-Ticket) | Sommer So und Mo 10—17.30, Di–Sa 9–17.30, im Winter bis 16.30 Uhr | Tel. 31 66 60 00 | www.hrp.org.uk/toweroflondon/ | U-Bahn: Tower Hill | City*

10 WESTMINSTER ABBEY [140 A2]

In der royalen Krönungskirche mit ihren gotischen Türmen warten u. a. ein Thron aus dem 14. Jh. und alte Grabmonumente. *Eintritt £ 20 (Online-Ticket) | Mo–Fr 9.30–15.30, Sa nur bis 13, Sommer 9–15 Uhr | 20 Dean's Yard | Tel. 72 22 51 52 | www.westminster-abbey.org | U-Bahn: Westminster | Westminster*

> Kostenlos ins Museum, günstig ins Theater oder in ein angesagtes Konzert? Hier steht, was wo geht

London hat in Sachen Kultur einen großen Vorteil: Selbst in wirtschaftlich schwierigen Zeiten ist Kultur hier immer ein demokratisches Gut gewesen, weshalb z. B. die allermeisten Top-Museen – von der National Gallery übers British Museum bis zum Victoria & Albert Museum – gratis sind. Low Budget Traveller sollten sich nur von Sonderausstellungen fernhalten, die gut und gerne £ 10 kosten können, und mit einem geschnürten Picknickpäckchen und Wasserflasche die hohen Preise der Museumscafés umgehen. Bewaffnet mit Ihrer Travelcard finden Sie mit Leichtigkeit weitere kulturelle Leckerbissen: günstige Filme, Gratis-Konzerte und Vorträge. Kulturelle Sparfüchse müssen sich nicht auf die großen Häuser beschränken: „Off-West-End"-Theater, „Fringe"-Shows und Matinees in kleineren Kinos sind immer günstiger als etwa die notorisch teuren Musicals. Preiswerte Theaterkarten verkauft der TKTS-Kiosk (Leicester Square). Galerien kosten keinen Eintritt, genauso die Straßenkunst-Szene *(www.londonist.com)*. Und wer die Oper liebt, kommt in London ebenfalls auf seine Kosten – natürlich verraten wir, wie man die Darbietungen am günstigsten genießen kann.

KULTUR & EVENTS

FESTIVALS

CHINESISCHES NEUJAHR

Trafalgar Square und Chinatown sowie die Shaftesbury Avenue stehen im Zentrum des kostenlosen Festivals zum Chinese New Year, das mit seinen farbenfrohen Kostüm-Prozessionen, prächtigem Feuerwerk und vielen Drachen alljährlich locker 250 000 Besucher anzieht. *Eintritt frei | wechselnde Daten Jan. und Feb. | So 12–18 Uhr | www.chinatown.co.uk | U-Bahn: Charing Cross | Soho*

FILMFESTIVAL-KALENDER

Besonders gut spart es sich bei den vielen Londoner Filmfestivals mit allen möglichen und unmöglichen Themen aus aller Herren Länder; bei den unbekannteren, länderspezifischen Festivals sind die Preise am niedrigsten. Das Science-Fiction-Filmfestival Ende April/Anfang Mai *(www.sci-fi-london.com)* etwa bietet Cineasten Gratis-Events wie „Coffee with …" mit berühmten Regisseuren und um £4 reduzierte Tickets vor 18 Uhr. Weitere Beispiele: Anfang Dezember läuft das London International Animation Festival *(www.liaf.org.uk)*; im September stellt das Portobello Film Festival *(www.portobellofilmfestival.com)* um die 600 unabhängig produzierte ungewöhnliche Filme vor; Mitte Oktober lockt das London Film Festival *(www.bfi.org.uk)* die Cinema-Brigade zu 300 Streifen ans Themse-Ufer.

NOTTING HILL CARNIVAL [128 B/C1–4]

Europas größtes Straßenfestival steigt am letzten Wochenende (inkl. Montag) im August: karibische Umzüge mit boomenden Soundsystemen und Hunderttausenden Feiernden – und das Ganze ist kostenfrei. Heißer Tipp für weniger Gedrängel ist die „Panorama"-Samba- und Steelband-Competition *(gratis | 18–22 Uhr | Bosworth Road/Kensal Road | U-Bahn: Westbourne Park | am Samstag zuvor im Horniman's Pleasance Park). Eintritt frei | letztes Wochenende im Aug. inkl. Bank Holiday Monday | Tel. 77270072 | www.thelondonnottinghillcarnival.com | U-Bahn: Notting Hill Gate | Notting Hill*

PROMS [137 E1]

Für die Weltklassekonzerte des weltgrößten Festivals klassischer Musik, das alljährlich zwischen Mitte Juli und Mitte September in der Royal Albert Hall über die Bühne geht, gibt es Stehplatz-Tickets für £5. Stehen muss man leider auch ein bisschen, um an die Karten für die „Last Night of the Proms" zu kommen, das alljährliche letzte Konzert der Reihe mit sehr viel höheren Preisen. Eine nicht zu teure Alternative ist die „Proms in the Park"-Freiluft-Aufführung für £44 in Hyde Park mit Bühnenshow und Liveschaltung in die Royal Albert Hall; die Leute machen Picknick und singen mit, und ein spektakuläres Feuerwerk rundet das Geschehen ab. Wer sich all das nicht leisten kann oder will: Ganzjährig gibt es jeden Freitagabend im Restaurant der Royal Albert Hall kostenlose Jazz-Konzerte. *Mitte Juli–Mitte Sept. | Eintritt ab £6 | Royal Albert Hall, Kensington Gore | www.bbc.co.uk/proms/ | U-Bahn: South Kensington | South Kensington*

Insider Tipp

Insider Tipp

KINO

PECKHAMPLEX [0]

Nein, eine Schönheit ist das unabhängige Kino in Südlondon nicht. Aber wen interessiert das, wenn man dafür aktuelle Filme für nur £4.99 sehen kann. Jeden Tag! Wer im Sommer hier ist, sollte eine Stunde zu früh kommen und vor dem Film nebenan auf ein Pint bei Frank's Café vorbeischauen. Die Freiluft-Bar auf dem Dach eines Parkhauses bietet keine Kuschelatmosphäre aber einen umwerfenden Blick. *Tickets £4.99 (3D-Filme £5.99) | 95a Rye Lane | Tel. 0844 5672742 | www.*

peckhamplex.london | U-Bahn: Elephant and Castle |Peckham

PRINCE CHARLES CINEMA [131 F3]

Am Rand der Premierenkinos um Leicester Square – wo man manchmal einen Blick auf Hollywoodstars auf dem roten Teppich des Odeon-Lichtspielhauses erhaschen kann – befindet sich das Sparkino der Stadt, mit Autorenfilmen, Retrospektiven und neuen Filmen. Wer viele Werke sehen will, länger bleibt oder öfter wiederkommt, sollte eine Jahresmitgliedschaft (£10, Studenten £7.50) ins Auge fassen, dann reduziert sich der Ticketpreis auf bis zu £6. Einen Film pro Woche gibt es dann für nur £1, außerdem 10 Prozent Rabatt auf Drinks an der Bar und in einigen Läden ringsum. *Tickets ab £6 | 7 Leicester Place (ab Leicester Square) | Tel. 74 94 36 54 | www.princecharlescinema.com | U-Bahn: Leicester Square | Piccadilly Circus*

Insider Tipp

KONZERTE

SOUTHBANK CENTRE [132 B4]

Ein wahres Paradies der Freebie-Kultur ist das Southbank-Kulturzen-

Große Bühne für Weltklassekonzerte: Royal Albert Hall

trum am Themse-Ufer. Unbedingt nach den „Free Events" Ausschau halten. Immer wieder sind Konzerte, Lesungen oder Ausstellungen kostenlos. Jeden Freitagmittag gibts zum Beispiel in der Central Bar der Royal Festival Hall Livemusik. Wer jünger als 30 ist, erhält auch bei manchen Bezahl-Veranstaltungen einen Discount oder freien Eintritt. Das Southbank Centre weiß: Du bist jung und brauchst das Geld. *Eintritt frei | wechselnde Zeiten | Belvedere Road | Tel. 38 79 95 55 | www.southbankcentre.co.uk | U-Bahn: Embankment, Waterloo | South Bank*

ST JAMES'S **[131 E4]**

Meist montags, mittwochs und freitags um 13.10 Uhr laufen in dieser von Sir Christopher Wren entworfenen Backstein-Kirche am Piccadilly Lunchkonzerte. Der Eintritt ist frei, auch wenn eine milde Gabe von £3.50 gern gesehen wird – die Kirche braucht drei Millionen Pfund für dringende Restaurierungssarbeiten. Für die Abendkonzerte gibt es Proben, denen man gratis zuhören kann. Von Dienstag bis Samstag sind außerdem vor der Kirche immer ein paar Stände aufgebaut, am Dienstag mit Antiquitäten und Sammelstücken, den Rest der Woche meist mit Kunsthandwerk, witzigen Accessoires und Karten. *Eintritt frei | 197 Piccadilly | Tel. 77 34 45 11 | www.st-james-piccadilly.org | U-Bahn: Piccadilly | Piccadilly*

ST MARTIN IN THE FIELDS **[132 A4]**

Hier können Sie doppelt sparen: Die Gratis-Lunchkonzerte klassischer Musik in James Gibbons' hübscher Kirche (Baujahr 1726) am Trafalgar Square sind stadtbekannt. Aber wer weiß schon, dass an den Nachmittagen vor den Abendkonzerten die Musiker in Zivil proben? Diese „Open Rehearsals" finden etwa um 16 Uhr statt. Mittwoch abends ist „Jazz Night" mit Tickets ab etwa £8, mehrmals wöchentlich gibt es kostenlose Luchtime-Konzerte *(13 Uhr). Eintritt frei | Lunchkonzerte Mo, Di, Do und Fr 13, offene Proben ca. gegen 16 Uhr an Konzerttagen | Trafalgar Square | Tel. 77 66 11 00 | www.stmartin-in-the-fields.org | U-Bahn: Charing Cross, Leicester Square | Soho*

Insider Tipp

TEMPELRITTER-SOUND **[132 C3]**

Die einzige Rundkirche Londons, erbaut im späten 12. Jh. zwischen

Bild: Gratis-Lunchkonzerte in schöner Kirche – St Martin in the Fields

KULTUR & EVENTS

20 | 21

Fleet Street und der Themse, ist ohnehin den Besuch wert. Die Knights Templar Church, das englische Stammhaus des Tempelritterordens, ist eines der atmosphärischsten Gotteshäuser der Stadt und Filmlocation für Dan Browns „Sakrileg". Der Besuch ist kostenlos, und wer gut vorausplant, kann an jedem Mittwoch zur Mittagszeit auch noch ein Gratis-Orgelkonzert mitnehmen. *Eintritt frei | tgl. geöffnet, Orgelkonzerte an den meisten Mi 13.15–13.45 Uhr | Temple Place, Temple Church | Tel. 73 53 34 70 | www.templechurch.com | U-Bahn: Temple | City*

MODE

FASHION AND TEXTILE MUSEUM [134 A1]

In der Heimat der zweimal jährlich *(Februar und September)* stattfinden-den Fashion Week spielt Mode eine große Rolle. Das Fashion and Textile Museum in einem alten Lagerhaus widmet sich in wechselnden Ausstellungen Aspekten der Textilindustrie und des Modedesigns. Es untersteht nicht der Stadt und ist deswegen nicht kostenlos – Studenten und Rentner erhalten jedoch Rabatt, Kinder jünger als 12 Jahre kommen kostenlos rein. *Di–Sa 11–18, So 11–17, Do bis 20 Uhr | Eintritt £ 9.90 | 83 Bermondsey Street | Tel. 74 07 86 64 | www.ftmlondon.org | U-Bahn: London Bridge | Southwark*

MUSEEN

BRITISH LIBRARY [124 A3]

„Das Wissen der Welt" verbirgt sich hinter der Backsteinfassade der Nationalbibliothek, und in der interakti-

CLEVER!

> Gratis-Filme von Krimi bis Comedy

„Brit Film on Demand" am Themse-Ufer – die Mediathek des **British Film Institute** *(Di 13–20, Mi–So 11–20 Uhr | Belvedere Road, South Bank | Tel. 79 28 35 35 | www.bfi.org.uk | U-Bahn: Waterloo, South Bank)* bietet eine Internetseite und eine App, mit der man Zugriff auf zahlreiche Archivfilme des Instituts bekommt, viele kostenlos. Das ist allerdings nur mit einer britischen IP-Adresse möglich – also nicht aus Deutschland, nur vor Ort.

Insider Tipp ven Sir John Ritblat-Gallery sehen Sie gratis Texte, die Geschichte geschrieben haben: die Magna Carta, die Gutenberg-Bibel, Leonardos Notizbücher, Shakespeares First-Folio-Ausgabe, dazu außerdem Beatles-Aufnahmen zum Reinhören. Übrigens: Das kleine feine King's Place um die Ecke *(90 York Way)* bietet Gratis-Ausstellungen und Klassikkonzerte unter £10. *Eintritt frei | Mo–Do 9.30–20, Fr bis 18, Sa bis 17, So 11–17 Uhr | 96 Euston Road | Tel. (0) 19 37 54 65 46 | www.bl.uk | U-Bahn: King's Cross/St Pancras, Euston Square | Euston*

BRITISH MUSEUM **[132 A1]**

Wunderbar: Die Mutter aller Londoner Museen, prall gefülltes Haus der Weltkulturen, ist immer noch kostenfrei – hier könnten Sie Tage verbringen, ohne sich zu langweilen. Sehenswert sind u. a. der Rosetta Stone, die kontroversen Elgin Marbles vom Parthenon und der Sutton-Hoo-Schatz. Und alle zwei Wochen können Sie im British Museum zwischen Insider Tipp 14 und 15 Uhr eine japanische Teezeremonie erleben und Tee trinken. *Eintritt frei | tgl. 10–17.30, Fr bis 20.30 Uhr | Great Russel Street | Tel. 73 23 80 00 | www.britishmuseum.org | U-Bahn: Russell Square | Bloomsbury*

GUILDHALL ART GALLERY & ROMAN AMPHITHEATRE **[133 F2]**

Die Guildhall war die Schaltzentrale des mittelalterlichen London, aber die Geschichte dieses Ortes reicht weit in die römische Ära zurück. Die Kunstsammlung – Londoner Ansichten, Portraits und eine monumentale Schlachtszene von John Singleton Copley – lohnt den Besuch, aber das Glanzstück sind die Überreste des römischen Amphitheaters. *Eintritt frei | Mo–Sa 10–17, So 12–16 Uhr | Guildhall Yard (Gresham Street) | Tel. 73 32 37 00 | www.cityoflondon.gov.uk | U-Bahn: Bank, St Paul's, Moorgate | City*

IMPERIAL WAR MUSEUM **[141 D2]**

„Don't mention the war!", hieß es warnend in der legendären britischen Comedy-Serie „Fawlty Towers", vor allem gegenüber den Deutschen. Das Ganze gilt nicht hier. Die ehemalige Kolonialmacht Großbritannien setzt sich bis heute leidenschaftlich mit dem Ersten und Zweiten Weltkrieg auseinander und hat dem Thema sogar ein Museum gewidmet: Es gibt einen Einblick in das Leben zu Weltkriegszeiten, beschäftigt sich aber auch mit Konflikten der Neuzeit, von 9/11 bis zu den Kriegen im Irak und Afghanistan. *Eintritt frei | tgl. 10–18 Uhr | Lambeth Road | Tel. 74615000 | www.iwm.org.uk | U-Bahn: Elephant & Castle | Lambeth*

MUSEUM OF LONDON **[133 E2]**
Wandern Sie durch die Geschichte Londiniums in diesem hervorragenden Gratis-Museum und blicken Sie auf Überreste der römischen Stadtmauer, das London der Angelsachsen und der Tudor-Dynastie bis zur modernen Olympiastadt. Das visuelle Paradestück des Museums ist die goldene Lord-Mayor's-Kutsche, gezimmert Mitte des 18. Jh. Suchen Sie auf der Homepage nach kostenloser Musik, Vorträgen und Ausstellungen und laden Sie die kostenlose „Street Museum"-3D-App runter: Dort gibt es 200 interessante Bilder von London gestern und heute im direkten Vergleich. *Eintritt frei | tgl. 10–18 Uhr | 150 London Wall | Tel. 7001*

Zeigt auch Installationen und skurrile Skulpturen: Natural History Museum

9844 | www.museumoflondon.org.uk | U-Bahn: Barbican | City

MUSEUM OF LONDON DOCKLANDS [0]

Das Zwillingshaus des Museum of London in einem ehemaligen Zuckerspeicher aus dem frühen 19. Jh. zeigt spannend und interaktiv die ereignisreiche Geschichte des Themse-Flusses und des Hafenviertels sowie Londons wenig ruhmreiche Rolle im transatlantischen Sklavenhandel. Der Rundumschlag über 2000 Jahre – römische Amphoren, Piraten-Käfige und Bombenbunker – kostet rein gar nichts. Am stilvollsten fahren Sie mit einem Thames-Clipper-Boot in Canary Wharf Pier ein (von Bankside oder Maritime Greenwich Pier); mit Ihrer Travelcard gibt's Rabatt. *Eintritt frei | tgl. 10–18 Uhr | West India Quay | Tel. 70019844 | www.museumoflondon.org.uk/docklands/ | U-Bahn: Canary Wharf, West India Quay (DLR) | Canary Wharf*

NATIONAL GALLERY [131 F4]

Kostenlos ist der Eintritt zu einer der wichtigsten Sammlungen westeuropäischer Meisterwerke der Malerei zwischen dem 13. und dem 19. Jh., mit Botticellis, Rembrandts und Van Goghs, aber auch einigen weniger bekannten neuen Entdeckungen. Schließen Sie sich einer der täglichen Führungen mit Infos zu einem halben Dutzend Highlights *(um 11.30 und 14.30 Uhr)* an; die kosten nichts. Und versäumen Sie nicht die Nachbar-Institution National Portrait Gallery *(www.npg.org.uk)*, spannend und ebenfalls frei! *Eintritt frei (außer Sonderausstellungen) | tgl. 10–18, Fr bis 21 Uhr | Trafalgar Square | Tel. 77472885 | www.nationalgallery.org.uk | U-Bahn: Charing Cross | Covent Garden*

NATURAL HISTORY MUSEUM [137 F2]

Ebenfalls gratis ist der Eintritt zum naturhistorischen Museum, das mit seiner imposanten Backsteinfassade schon von außen ein Augenschmaus ist. Die Früchte der Sammel- und Klassifizierleidenschaft der Briten werden flankiert von Installationen mit Dinosauriern. Die „Images of Nature"-Galerie bietet tolle Fotos und Gemälde und täglich einen interaktiven Film über Evolution, in dem prähistorische Tiere lebendig werden – ebenfalls kostenlos. *Eintritt frei (außer Sonder-*

ausstellungen) | tgl. 10–17.50, am letzten Fr des Monats (außer Dez.) bis 22 Uhr | Cromwell Road | Tel. 7942 5000 | www.nhm.ac.uk | U-Bahn: South Kensington, Gloucester Road | South Kensington

PHOTOGRAPHERS GALLERY **[131 E2]**
London ist eine höchst fotogene Stadt. Die größte öffentliche Galerie für Fotokunst zeigt auf drei Stockwerken die ganze Spannbreite von historischen Momenten aus dem Archiv über die Bewerber um den „Deutsche Börse Photography Prize" bis zur aktuellen Digitalkunst. Angehende Fotokünstler zwischen 14 und 24 Jahren können hier für £5 verschiedene Workshops besuchen. *Eintritt £4.50 (tgl. vor 12 Uhr Eintritt frei!) | Mo–Sa 10–18, Di 10–20, So 11–18 Uhr | 16–18 Ramillies Street | Tel. 70879300 | www.thephotographersgallery.org.uk | U-Bahn: Oxford Circus | Soho*

ROYAL ACADEMY OF MUSIC **[122 C5]**
Erstaunlich wenige Touristen verirren sich in das Museum der Königlichen Musikakademie, einen Geigenwurf von Madame Tussauds entfernt. Der Eintritt zu dieser Sammlung europäischer und internationaler Instrumente vom 15. Jh. bis heute (inklusive wunderschön gemaserter Stradivari-Geigen) ist kostenlos. Dazu gibt es CDs zum Reinhören, und wenn man Glück hat, führen zudem während des Semesters Studenten die diversen Klaviere vor. Im Shop gibt's eine gute Auswahl an Naxos-CDs für £5.99! *Eintritt frei | Mo–Fr 11.30–17.30, Sa 12–16 Uhr | Marylebone Road | Tel. 78737373 | www.ram.ac.uk | U-Bahn: Baker Street | Marylebone*

SAATCHI GALLERY **[138 B4]**
Die Galerie zeitgenössischer internationaler Kunst des publikumsscheuen britischen Werbemoguls Charles Saatchi hat in Chelsea ihre Heimat gefunden. Spannende internationale Ausstellungen gibt's kostenfrei unter hohen Decken zu bestaunen. Saatchi war der treibende Motor hinter dem „Young British Artists"-Phänomen, 2010 vermachte er die Galerie mitsamt 200 Werken dem britischen Staat. *Eintritt frei | tgl. 10–18 Uhr | Duke of York Headquarters, King's Road | Tel. 78113070 | www.saatchigallery.com | U-Bahn: Sloane Square | Chelsea*

SCIENCE MUSEUM [137 E/F2]
Der Besuch des Science Museums ist kostenfrei. Wer es schon kennt, sollte trotzdem wiederkommen, ungefähr einmal im Jahr gibt es eine neue Dauerausstellung, die meist aktuelle Entwicklungen aufgreift. So geht es u.a. um Klimaschutz, Informationstechnologie und Raumfahrt. Zu den Highlights gehören Puffing Billy, die älteste erhaltene Dampflokomotive, ein Modul der Apollo-10-Mission sowie Graham Bells erstes Telefon. Angeschlossen ist ein Imax-Kino. Originelle, günstige Souvenirs im Giftshop. *Eintritt frei (außer Sonderausstellungen) | tgl. 10–18 Uhr | Exhibition Road | Tel. (0)333 2414000 oder 79424000 | www.sciencemuseum.org.uk | U-Bahn: South Kensington | South Kensington*

TATE BRITAIN [140 A4]
Fünf Jahrhunderte britischer Top-Kunst werden Ihnen im ältesten Tate-Museum kostenlos präsentiert – vom Tudor-Porträt über Francis Bacon und David Hockney bis hin zu Damien Hirst. Noch mehr Kostenloses: Täglich um 11, 12, 14 und 15 Uhr Insider Tipp führt Sie ein Experte zu den Highlights der Sammlung. Logistischer Tipp: Wer in der Gegend der Houses of Parliament ist, braucht gar nicht die U-Bahn zu nehmen – an der Themse entlang ist man zu Fuß in einer Viertelstunde dort. *Eintritt frei (außer Sonderausstellungen) | tgl. 10–18 Uhr | Millbank | Tel. 78878888 | www.tate.org.uk | U-Bahn: Pimlico | Pimlico*

TATE MODERN [133 E4]
Seit ihrer Eröffnung ist die Tate Modern ein absoluter Publikumsmagnet – und wer die Fülle der großen Namen zum Nullkommanichts-Tarif betrachtet, wird das sofort verstehen. Alle paar Monate füllt ein anderer Künstler die riesige Turbine Hall mit einem großen künstlerischen Statement. Gratis-Führungen täglich um 11, 12, 14 und 15 Uhr erschließen die vier thematischen Bereiche mit Künstlern wie Beuys, Miró, Picasso u.v.m. Tipp für Kunstfreunde, die beide „Tates" mitnehmen wollen: Mit Ihrer Travelcard kostet die einfache Fahrt auf dem gepunkteten „Tate-to-Tate"-Katamaran (ein Boot, das alle 40 Minuten die beiden Galerien verbindet) nur £5.55 statt £8.30. *Eintritt frei (außer Sonderausstellungen) | tgl. 10–18, Fr und Sa bis 22 Uhr | Tel. 78878888 | www.*

tate.org.uk | U-Bahn: Southwark, St Paul's | Bankside

VICTORIA & ALBERT MUSEUM [137 F2–3]

Auch im weltgrößten Museum für Angewandte Kunst ist der Eintritt frei – und auch hier kann man zwischen Skulpturen und Mobiliar, Mode und Porzellan, Theatersammlung und religiöser Kunst, Schmuck- und Fotografie-Abteilung ganze Tage verbringen. Täglich gibt es Gratis-Einführungstouren *(10.30, 12.30, 13.30 und 15.30 Uhr)*. Weitere Gratis-Touren konzentrieren sich auf bestimmte Bereiche wie Mittelalter, Renaissance oder Theater. Am besten Insider Tipp durch den neuen, strahlend-weißen Sackler Courtyard einmarschieren. *Eintritt frei (außer Sonderausstellungen) | 10–17.45, Fr manche Galerien bis 22 Uhr | Cromwell Road | Tel. 79 42 20 00 | www.vam.ac.uk | U-Bahn: South Kensington | South Kensington*

WHITE CUBE GALLERY [134 C2]

Berühmte Künstler wie Damien Hirst, Antony Gormley und Tracey Emin haben die Galerie in den 1990er-Jahren populär gemacht. In dem vom Architekten Claudio Silvestrin gestalteten, auffällig weißen Kubus gibt es kostenfrei hauptsächlich zeitgenössische Kunst von jungen Briten zu sehen, die sich international einen Namen gemacht haben. *Eintritt frei | Di–Sa 10–18, So 12–18 Uhr | 144–152 Bermondsey Street | Tel. 79 30 53 73 | www.whitecube.com | U-Bahn: Borough, Bermondsey, London Bridge | Bermondsey*

MUSICALS

TKTS [131 F4]

London ist die Musical-Hauptstadt Europas mit etlichen Bühnen – doch die Aufführungen können wie überall richtig ins Geld gehen. Deutlich sparen kann, wer sich kurzfristig für einen Besuch entscheidet und keinen Wert auf bestimmte Plätze legt. Der TKTS-Ticket-Kiosk am Leicester Square bietet täglich Karten für aktuelle Musicals zu reduzierten Preisen. So kann man leicht 50 Prozent sparen. Verkauft wird allerdings ausschließlich vor Ort. *Mo–Sa 10–19, So 11–16.30 Uhr | The Lodge | Leicester Square | www.tkts.co.uk | U-Bahn: Leicester Square, Charing Cross, Piccadilly | St James's*

OPER

ENGLISH NATIONAL OPERA [132 A4]

Die große, wunderschöne Repertoire-Bühne versteht sich als demokratischer Kulturagent – so gibt es Tickets für die in Englisch gesungenen Klassiker (übertitelt) und neuen Werke schon ab £ 12. Gratis-Podcasts auf der Website! *Eintritt ab £ 12 | The Coliseum, St Martin's Lane | Tel. 78 45 93 00 | www.eno.org | U-Bahn: Charing Cross | Covent Garden*

ROYAL OPERA HOUSE [132 A–B2]

Das offene Geheimnis, wie man an günstigere Tickets für Aufführungen von Royal Opera (meist mit englischen Übertiteln) und Royal Ballet kommt, ist: So schnell wie möglich buchen, denn um die 400 Tickets gehen für £ 4 bis £ 30 weg, die Hälfte von denen wiederum für unter £ 10. Die Website lässt einfach nach günstigen Tickets suchen. Wer zu langsam war, sollte freitags um 13 Uhr vor dem Rechner lauern. Dann schaltet die Oper 49 Tickets aus dem unteren Preisbereich frei. Beim Friday Rush gibt's auch Karten für bereits ausverkaufte Veranstaltungen. Ansonsten: Einen Blick in die dramatische Floral Hall werfen kostet nichts. Übrigens: Typisch fürs lockere, kulturdemokratische London gibt es keine Kleiderordnung, Jeans u. Ä. sind absolut okay. *Eintritt ab £ 4 | Bow Street | Tel. 73 04 40 00 | www.roh.org.uk | U-Bahn: Covent Garden | Covent Garden*

Insider Tipp

THEATER

BATTERSEA ARTS CENTRE [144 C3]

„Unsere Mission ist es, die Zukunft des Theaters zu erfinden", so heißt hier das Motto – bei den alternativen, zeitgenössischen Produktionen in einem ehemaligen Südlondoner Rathaus fühlen Sie das kreative Potenzial Londons. Für die sogenannten „Scratch"-Shows von Nachwuchskünstlern gilt „Pay What You Can". Hier berappen Sie, soviel Sie können. Wer keinen Knopf mehr in der Tasche hat, zahlt mit Meinung. Denn Feedback ist erwünscht. *Eintritt von „nach Belieben" bis £ 25 | Lavender Hill | Tel. 72 23 22 23 | www.bac.org.uk | Zug: Clapham Junction oder mit verschiedenen Buslinien | Battersea*

GATE THEATRE [128 C4]

Dieses kleine, aber feine und international orientierte Theater, in dem heutige Film-Größen wie Rachel Weisz, Colin Firth und Jude Law ihre Karriere begannen, bietet eine Reihe von Spar-Optionen. Unter-26-Jährige können in „Young People's Nights" Tickets für £7.50 kaufen, einfach auf die Website schauen und mailen. Karten für die ersten drei Vorstellungen eines neuen Stücks werden für £10 verkauft. Ein Schnäppchen im Vergleich zu den sonst üblichen Standardpreisen von £20. *Eintritt ab £7.50 | 11 Pembridge Road | Tel. 72290706 | www.gatetheatre.co.uk | U-Bahn: Notting Hill Gate | Notting Hill*

KING'S HEAD **[125 D1]**

Das älteste Pub-Theater der Stadt, gegründet 1970 im Hinterzimmer eines viktorianischen Lokals, hat nicht nur einen guten Ruf. Preview-Vorführungen, also Proben fast fertiger Stücke, kosten hier nur £8–10. Es gibt zudem Oper und Musicals zu reellen Preisen (£12–25). Im Pub läuft Do (ab 21.30), Fr und Sa (ab 22.00 Uhr) Livemusik, bei freiem Eintritt. *Eintritt Pub frei, sonst ab £5 | Pub Mo–Sa 9–18, Vorstellungen 13 und 22 Uhr | 115 Upper Street | Tel. 72268561 |www.kingsheadtheatre.com | U-Bahn: Angel | Islington*

NATIONAL THEATRE **[132 C4]**

Auf seinen drei Bühnen wagt sich das Nationaltheater am Themse-Ufer auch an so heiße Themen wie die nationale Identität und den Klimawandel heran. Frühbucher ergattern Tickets ab £15, und pro Jahr

CLEVER!

> *Schon vor der Premiere ins Theater*

Eine gute Sparmöglichkeit beim Londoner Theater sind „Preview"-Vorab-Vorstellungen, bei denen Sie Stücke als „work in progress" sehen. Wenn der Premieren-Vorhang aufgeht, haben sich vielleicht ein paar Dinge geändert, aber die generelle Aussage des Stücks bleibt gleich. Über den Link *www.londontheatre.co.uk/whats-on/opening-soon* bekommen Sie einen Überblick über das Dutzend Vorstellungen, für die es Preview-Tickets gibt.

bieten vier Produktionen auf der Olivier-Bühne TravelEx-Preise für 15, 20 und £ 30. Stehplätze (£ 5) gibt es allerdings nur, wenn alle anderen Plätze ausverkauft sind; für diese wie auch für die 30 Day Seats pro Produktion stellt man sich teils weit vor Kassenöffnung um 9.30 Uhr in die Schlange. Neben Gratis-Kunst- und Fotoausstellungen wird im Foyer vor den Vorstellungen Gratis-Musik geboten. Im Sommer gibt's draußen auf dem Vorplatz kostenlose Darbietungen wie Filme, Musik und Comedy. *Eintritt teils frei/Tickets ab £ 15 | Upper Ground | Tel. 74 52 30 00 | www.nationaltheatre.org.uk | U-Bahn: Waterloo oder Westminster, dann über die Brücke | South Bank*

ROYAL COURT THEATRE [138 C3]

Der Heilige Gral der Londoner Theatersparer sind die vier Stehplatz-Tickets für zehn Pence – jawohl, Pence und nicht Pfund – für die Jerwood-Theatre-Downstairs-Produktionen des so coolen wie innovativen Royal Court Theatre. Diese Tickets (es gibt nur eins pro Person) gehen eine Stunde vor Vorstellungsbeginn in den Verkauf, für beliebte Shows sollte man noch einmal eine Stunde dazugeben. Realistischer sind die Chancen für die Montags-Tickets für £ 12. Die Tickets für die Abendveranstaltungen am gleichen Tag werden morgens, 9 Uhr, auf der Website freigeschaltet. Achtung: Die Theaterkasse öffnet erst um 10 Uhr. Dann ist es meist schon zu spät. *Eintritt ab £ 0.10 | Sloane Square | Tel. 75 65 50 00 | www.royalcourttheatre.com | U-Bahn: Sloane Square, Chelsea | St Georg*

Insider Tipp

SHAKESPEARE'S GLOBE THEATRE [133 E4]

Im rekonstruierten Globe-Theater zahlen Sie als sogenannter „Groundling" nur £ 5 pro Stehplatz für ein Stück von Shakespeare. Heimlich hinsetzen gilt nicht. Aber Profis kommen rechtzeitig und stellen sich ganz hinten oder ganz vorn hin. So kann man sich an der Rückwand oder auf der Bühne abstützen. Wenn's schifft: Regenjacke mitbringen. Schirme verboten. *Eintritt ab £ 5 | Mitte April–Mitte Okt. | 21 New Globe Walk | Tel. 74 01 99 19 | www.shakespearesglobe.com | U-Bahn: Mansion House, London Bridge | Bankside*

Insider Tipp

> Coole Treffpunkte, Tipps für Klassiker, preiswerte Touren – in London können Sie günstig ganz viel erleben

Mehr erleben zu kleinen Preisen oder ganz kostenlos, das ist in dieser Stadt einfacher, als manch einer denkt. Es gibt beispielsweise Möglichkeiten, die hohen Eintrittspreise für Londoner Klassiker wie St Paul's & Co. elegant zu umgehen *(S. 40)*. Wer einfach nur durch die City of London spaziert, bewegt sich durch 2000 Jahre spannende architektonische Stadtgeschichte, von den alten Römern bis zur zeitgenössischen Architektur – gratis natürlich. Das südliche Themse-Ufer bietet sich ebenfalls an für einen geschichtsträchtigen Spaziergang vorbei an Shakespeares Theater, dem berühmtesten Gourmet-Markt der Stadt und einem der besten Gratis-Museen, der Tate Modern. Schnäppchenjäger sollten sich unbedingt schon vor Abflug kostenlos bei Coupon-Seiten wie *www.groupon.co.uk* und *www.moneysupermarket.com/vouchers/* registrieren. So flattern Ihnen jeden Tag Sparangebote für Aktivitäten in die Mailbox, mit Rabatten von teilweise 50 Prozent. Immer eine gute Spar-Idee ist es, Ihre Destination in die britische Version von Google einzugeben *(www.google.co.uk, in Verbindung mit dem Stichwort „Voucher")*: Oft erscheint dann ein Link zu dem passenden Discount/Voucher.

MEHR ERLEBEN

ACTION & GENUSS

THE BOOK CLUB [126 A4]

Ein neues Konzept für Geist und Genuss: Auf zwei Stockwerken eines ehemaligen viktorianischen Lagerhauses wird bei Cocktails und Kanapees zu günstigen Preisen im abgefahrenen Dekor das Gehirn genährt. Es gibt jede Menge Workshops, Lesungen, Kunst und Kultur, Parties und interessante neue Musik. Wer etwas trinkt, spielt umsonst Tischtennis (dienstags gibt's ein Tischtennis-Turnier, das ein, zwei Pfund Teilnahmegebühr kostet). Der Book Club öffnet schon früh: Sie können wunderbar abhängen, Gratis-WLAN nutzen, und eine Runde Pool spielen kostet £ 1. *Eintritt meist frei | Mo–Mi 9–0, Do und Fr 9–2, Sa 10–2, So 10–0 Uhr | 100 Leonard Street | Tel. 76 84 86 18 | www.wearetbc.com | U-Bahn: Shoreditch High Street, Old Street | Shoreditch*

FRIDAY NIGHT SKATE / SUNDAY STROLL

Jeden Freitag schnüren sportliche Londoner die Inlineskates und Rollschuhe und fahren beim Friday Night Skate, kurz LFNS, durch die Abendsonne. Am Sonntag trifft sich die langsamere Brigade für einen gemütlichen Sonntags-„Spaziergangs"-Skate. Teilnahmevoraussetzung für beide Events ist, dass Sie anhalten, die Kurve kriegen und Ihr Tempo kontrollieren können, wenn es bergab geht. Kinder unter Aufsicht dürfen auch mitfahren. Die Sache ist natürlich wetterabhängig, Mitte der Woche wird jeweils online die aktuelle Route publiziert, und ein paar Stunden vor Beginn des Skate kann man auf der Webseite sehen, ob es stattfindet. Wer keine eigenen Skates dabei hat, muss £10 beim Skate-Verleih *(www.slickwillies.co.uk)* investieren. *Teilnahme gratis | Friday Night Skate: Fr 20 Uhr | Startpunkt Wellington Arch, Hyde Park Corner* [138 C1]*; Sunday Stroll: So 14 Uhr | Treffpunkt Serpentine Road, Hyde Park | www.lfns.co.uk | U-Bahn: Hyde Park Corner* [130 C5] *| Hyde Park*

Summer in the city: Hampstead Heath

FLIP OUT [O]

Spring so hoch wie du willst! Von den Kinderhorden nicht abschrecken lassen, auch Erwachsene dürfen sich in der Trampolinhalle austoben, soviel sie wollen. 120 Trampoline sind hier installiert – und zwar so, dass man teilweise auch von links nach rechts nach links fliegt. Wer den Aufpassern einen einfachen Salto zeigen kann, darf auch in die Pro-Area und an einem doppelten üben. Insider Tipp Wer am Wochenende um 9 Uhr auftaucht, zahlt £ 8 statt £ 12. *Eine Stunde kostet £ 12 | Mo 10–22, Di, Mi 10–19, Do 10–20, Fr 10–21, Sa 9–21, So 9–19 | Bendon Valley | Tel. 30 26 84 40 | www.flipout.co.uk | Zug: Earlsfield | Wandsworth*

GOLF [O]

In London spielt nicht nur die Upper Class, hier ist Golf Volkssport – ein Grund, das mal selbst zu probieren. Golf ist auch eine der vielen Sportarten, die man in der riesigen Naturlandschaft des Lee Valley ausüben kann. Die Preise auf diesem 18- Loch-Green sind günstig! *Green Fees ab £ 9.50 | tgl. zwischen 7 und 8 Uhr bis Einbruch der Dämmerung | Lee Valley Leasure Complex | 61 Meridian Way | Tel. 88 03 36 11 | www.visitleevalley.org.uk | Bahn: Edmonton Green, dann Bus W8 | Edmonton*

LAUFTREFF

Parkruns sind in Großbritannien seit einer gefühlten Ewigkeit populär. Auch in London treten jeden Samstagmorgen um 9 Uhr Tausende in den Parks gegen den inneren Schweinehund an. Die Parkruns sind eine Mischung aus Lauftreff und Wettrennen – die Zeit wird gemessen. Für manche ist der durch Peckham Rye Park der schönste. Insider Tipp Der mit der besten Aussicht führt durch den Alexandra Park im Norden. Vor der Teilnahme online registrieren und Barcode mitbringen! *Gratis | Alle Läufe gelistet auf www.parkrun.org.uk | Länge max. 5 km | Greater London*

GRÜNES LONDON

HAMPSTEAD HEATH [144 C2]

Hampstead Heath ist die grüne Lunge Nordlondons, mit literarischen und kulturellen Einsprengseln, die es zu entdecken lohnt. Jogger, Hundebesitzer und Familien lieben den Heath, und von Parliament Hill haben Sie einen schönen Blick über die Londoner Skyline. Das wunderschöne Kenwood House enthält eine Kunstsammlung und ist kostenlos zu besichtigen. Es war einst das Zuhause von Lord Mansfield. *(Hampstead Lane | Tel. 0370 3331181 | www.english-heritage.org.uk)*. Zwischen Mai und September bieten die Bathing Ponds an der Ostseite des Parks und das Freibad Parliament Hill Lido Abkühlung, Eintritt £2. *Park: Eintritt frei | tgl. bis Einbruch der Dunkelheit | U-Bahn: Hampstead | Hampstead*

HIGHGATE CEMETERY **[144 C2]**
Gut angelegt sind die £4 Eintritt zu diesem faszinierenden Friedhof, auf dem viele berühmte Persönlichkeiten (u. a. George Eliot, Douglas Adams, Karl Marx) zwischen Gedenksteinen, Mausoleen, Grabkreuzen und uralten Bäumen die letzte Ruhe gefunden haben. Man sollte unbedingt auch den westlichen, älteren, überwucherten Teil besichtigen, der allerdings nur mit Führung (£12) zugänglich ist. *Eintritt £4–£12 | West Cemetery Tours März–Nov. Mo–Fr 13.45, Sa und So Nov.–Feb. halbstündl. 11–15, East Cemetery Mo–Fr 10–16 (Winter) bzw. 17 (Sommer), Sa und So ab 11*

CLEVER!

> Englisch lernen und Spaß haben

„Do you speak English?" Klar, irgendein Englisch sprechen wir wohl alle, aber ob es zum fortgeschrittenen Englisch „for runaways" reicht? Die Webseite *www.languagecourse.net* hat ein TripAdvisor-ähnliches System und günstige Angebote. Preislich kann sich ein Englischkurs für Ihren Londonaufenthalt durchaus lohnen, da die Veranstalter Rabatte auf Zimmer vermitteln und Sie morgens Ihr Englisch verbessern, nachmittags Sightseeing machen und abends mit neuen Freunden feiern können. Über Apps wie z. B. **Tandem Language Exchange** findet man kostenlos Muttersprachler zum Üben. Die English-Studio-Sprachschule bietet die erste Schnupperstunde („Free Trial Lesson") gratis an. Am besten anrufen *(Mo–Fr 8.45–20.15 Uhr | Zentrale: 113 High Holborn | Tel. 74049759 | www.englishstudio.com | U-Bahn: Holborn, Holborn)* oder am Tag vorher einfach mal vorbeikommen.

Uhr | Swain's Lane | Tel. 83 40 18 34 | www.highgatecemetery.org | U-Bahn: Archway | Highgate

HYDE PARK
[129 E–F4–5/130 A/B4–5]
Spaziergänge in Londons größtem Park mit seinen schönen alten Bäumen und Skulpturen kosten nichts, und wer möchte, darf am Speakers' Corner am nordöstlichen Ende (v.a. sonntags) zum Weltfrieden und zur Umkehr aufrufen oder gegen den Kapitalismus wettern *(www.speakers corner.net)*. Die Preise für das Serpentine-Lido-Outdoor-Bad *(Maiwochenenden, 1. Juni–12. Sept. tgl. 10–18 Uhr | Tel. 77 06 34 22)* und den Kinderpool sind bei einem Erwachsenen-Ticketpreis von £ 4.80 (Familienticket £ 12) im grünen Bereich, und wer nach 16 Uhr kommt, zahlt £ 4.10 bzw. £ 9 (Fam.). *www.royalparks.org.uk/parks/hyde-park | U-Bahn: Hyde Park Corner | Hyde Park*

KLASSIKER GÜNSTIG

BUCKINGHAM PALACE [139 D–E1]
Die Eintrittspreise für die offizielle Londoner Residenz der britischen Monarchie sind gesalzen (Erw. ab £ 24), aber es kostet Sie keinen Pence, durch den St James's Park zur barocken „Hochzeitstorten"-Statue von Königin Victoria (1819–1901) und zu den vergoldeten Toren zu schlendern. Budget-Traveller können zudem die 45-minütige Wachablösungszeremonie der Soldaten in ihren scharlachroten Uniformen und hohen Bärenfellmützen auf dem Vorplatz des Palasts kostenlos mitnehmen. Das beste Foto des Anwesens (mit Wasserspiegelungs-Effekt) schießt sich übrigens von der Brücke über den See im St James's Park. *Wachablösung gratis (Mai–Juli tgl., im Winter an wechselnden Tagen) um 11.30 Uhr | Tel. 77 66 73 00 | www.royal.uk, www.royalcollection.org.uk, www.changing-the-guard.com | U-Bahn: Victoria | St James's*

CHAPEL ROYAL [131 E5] Insider Tipp
Nur wenige wissen, dass ein Teil des St James' Palace, die Hauptresidenz von Prince Charles, der Öffentlichkeit zugänglich ist, und zwar sonntags für zwei Gottesdienste – eine Gelegenheit, das Establishment der anglikanischen Staatskirche im intimen Rahmen zu erleben. Zwischen Ostersonntag und dem letzten Sonntag im Juli werden die Gottesdienste

in der von Inigo Jones entworfenen Queen's Chapel gegenüber abgehalten. *So vom 1. So im Okt. bis Karfreitag, 8.30, 11, 13, 14.15 und 15.30 Uhr | Tel. 31 66 65 15 | www.chapelroyal.org | U-Bahn: Piccadilly Circus | Green Park | Achtung: keine Gottesdienste im Aug./Sept.*

HOUSES OF PARLIAMENT **[140 A2]**

In diesem monumentalen Komplex tagt das britische Parlament, Besucher dürfen die Debatten kostenlos mitverfolgen – die Schlangen am Eingang können allerdings lang sein. Es gibt sogar deutschsprachige Touren, allerdings sind diese mit £25.50 (Audioguide £18.50) nicht günstig. Heißer Tipp: Wer mit dem Montags-Walk „Old Westminster by Gaslight" *(www.walks.com)* unterwegs ist, hat eine gute Chance, eine parlamentarische Sitzung mitzubekommen – ein Bonus für die £10 Kosten (Kinder unter 15 Jahren zahlen nichts). Eine Alternative, von der nur wenige Besucher Gebrauch machen, ist der Besuch des Jewel Tower *(Sa und So 10–16 Uhr | Abingdon Street | Tel. 72 22 22 19 | www.english-heritage.org.uk)* gegenüber den Houses of Parliament aus der Mitte des 14. Jh. Unter der gotischen Tonnendecke sehen Sie für £5 eine faszinierende Ausstellung über die Geschichte des Parlaments. *Zutritt zu Debatten gratis | Tel. 72 19 41 14 | www.parliament.uk | U-Bahn: Westminster | Westminster*

MADAME TUSSAUDS **[122 C5]**

Wer Madame Tussauds Wachsfiguren besuchen will, sollte online vorbestellen. Dann kostet ein Ticket £29 statt £35 und man spart sich das Anstehen. Noch günstiger wird's, wenn man mit einem gültigen Zugticket von National Rail auf *www.daysoutguide.co.uk* zwei Tickets zum Preis von einem kauft. Aber: Nicht trödeln! Das Angebot gilt bei einem einfachen Ticket nur am Tag der Anreise. Wer die Rückfahrt gleich mit bucht, hat mehr Luft. Dann gilt das 2for1-Angebot zwischen An- und Abreise. *Verbilligter Eintritt bei 2for1 £17.50 | wechselnde Öffnungszeiten | Marylebone Road | Tel. (0)871 894 30 00 | www.madametussauds.com | U-Bahn: Baker Street | Marylebone*

MONUMENT **[134 A3]** Insider Tipp

Der Aufstieg auf das berühmte, rundum restaurierte Monument kos-

Bild: Elvis darf bei Madame Tussauds natürlich nicht fehlen

MEHR ERLEBEN

tet relativ wenig und bietet tolle Blicke, und am Ende gibt's sogar ein Zertifikat. Zum Gedenken an das „Great Fire of London" von 1666 entwarf Sir Christopher Wren diese elegante dorische Säule in der Nähe der Bäckerei in Pudding Lane, wo das Feuer seinen Anfang nahm. Heute haben Sie von der höchsten freistehenden Säule der Welt (über 60 m) einen weiten Blick auf die Stadt. Lohnend ist ein £-12-Kombiticket für Monument und Tower Bridge Experience *(www.towerbridge.org.uk)*, das Ihnen die Überquerung des Londoner Wahrzeichens auf Glasgängen erlaubt, samt Zutritt zum spannenden Museum zur Geschichte & Technik. *Eintritt £5 | tgl. 9.30–17.30 Uhr | 18 Fish Street Hill | Tel. 74 03 37 61 | www.themonument.org.uk | U-Bahn: Monument | City*

WESTMINSTER ABBEY & ST PAUL'S CATHEDRAL

Die gute Nachricht: Reine Gottesdienste sind in diesen beiden Kirchen umsonst (Details auf den Homepages unter „Daily Services" bzw. „Worship & Music") – mit Eintrittspreisen um die £18 bzw. 20 sind die royale Westminster Abbey und die barocke St Paul's sonst reichlich teuer. Diese Kosten kann stilvoll umgehen, wer an einem Chorgottesdienst am Nachmittag teilnimmt. Und noch ein Tipp: Der Zutritt zum Kreuzgang von Westminster Abbey sowie zur benachbarten St Margaret's Church ist komplett frei. *Westminster Abbey: Eintritt frei am Mo, Di, Do, Fr 17, Sa 15 bzw. Juni–Sept. 17, So 15 Uhr | Museum tgl. 10.30–16 Uhr | Tel. 72 22 51 52 | www.westminster-abbey.org | U-Bahn: Westminster | Westminster* **[140 A2]**; *St Paul's: Eintritt frei | Mo–Fr 17 Uhr | Tel. 72 46 83 57 | www.stpauls.co.uk | U-Bahn: St Paul's | City* **[133 E3]**

WESTMINSTER CATHEDRAL **[139 E3]**

Jeder will in die Westminster Abbey, dabei ist das nahe gelegene katholische Gegenstück, Sitz der Erzdiözese von Westminster und die wichtigste katholische Kirche des Landes, kaum weniger beeindruckend. Sowohl das Äußere – rot-weiß gebändert mit Campanile-Glockenturm – als auch die Marmor- und Mosaikdeko im Inneren können sich sehen lassen. Der Eintritt ist frei, nur der Lift hoch auf den Glockenturm (knappe 100 m) kostet £6 für einen fabulösen Blick über London. *Eintritt frei | Mo–Fr 9.30–17, Sa und So 9.30–18 Uhr | Cathedral Piazza, 42 Francis Street | Tel. 77 98 90 55 | www.westminstercathedral.org.uk | U-Bahn: Victoria | Victoria*

THEMSE-TIPPS

EMIRATES AIRLINE

Seit Olympia 2012 ist es möglich, die Themse auch mit einem fantastischen Blick aus der Luft zu überqueren. Die Fluglinie Emirates hatte die Seilbahn gesponsert, die nun dem öffentlichen Verkehr angeschlossen ist. Im Osten von London verbindet sie Nord-Greenwich mit den Royal Docks. Wer bei der Gelegenheit auch den Queen Elizabeth Olympic Park besichtigen möchte, fährt von der Seilbahnstation bis Pudding Mill Lane. *Fahrkarten ab £4.50 pro Strecke (mit Oyster Card nur £3.50) | Sommer Mo–Fr 7–21, Sa 8–23, So 9–23 Uhr, Winter tgl. nur bis 21 Uhr | www.emiratesairline.co.uk | U-Bahn: Royal-Victoria (DLR) | auf der südlichen Seite der Themse North Greenwich*

Außen üppig, innen prachtvoll: Westminster Cathedral

FLUTBARRIERE [0]

Die zweitgrößte bewegliche Flutbarriere der Welt (Baujahr 1984) überspannt die Themse in Südostlondon und schützt die Stadt gegen solch katastrophale Fluten wie die von 1953. Der Eintritt zum Infozentrum in Woolwich am Südufer – mit Fotos, Karten, interaktiven Modellen und einem Video – lohnt die £4 Eintritt. Zudem gibt's preiswerte Snacks mit Blick auf die beeindruckenden Stahlhauben und einen Spielplatz. *Eintritt £4 | April–Sept. 10.30–16.30, Okt.–März 11–15.30 Uhr | 1 Unity Way | Tel. 83 05 41 88 | www.gov.uk/the-thames-barrier | U-Bahn: North Greenwich oder Woolwich Arsenal (DLR), dann Bus | Docklands*

WOOLWICH FERRY [0]

Auf der Gratis-Fähre zwischen Woolwich und North Woolwich *(alle 10–15 Minuten)* zahlt niemand, gemeinsam mit den Dockland-Bewohnern setzen Sie kostenlos über. Die Fähre verbindet Nord- und Südufer der Themse schon seit dem 14. Jh., heute dauert die Fahrt etwa fünf Minuten. Verbinden Sie den Trip gleich mit einem Besuch des Themse-Barrieren-Besucherzentrums oder des Royal-Artillery-Museums am Südufer oder des 9 ha großen Thames Barrier Park

CLEVER!

> Sprachaustausch mit Sozialkontakten

Sind Sie allein in London? Auf der Suche nach Gesellschaft oder haben Lust, Ihr Englisch, aber womöglich auch Französisch, Spanisch oder Russisch aufzupolieren? Jede Woche trifft sich eine Truppe internationaler Londoner in der Bar Carnaby Zebrano zum Sprachaustausch: „London Language Exchange & Social" heißt das kostenlose Event in der Bar **Carnaby Zebrano** (*Mi 18.30–22.30 Uhr | 14 Ganton Street | Tel. (0)77785726 84 | www.londonles.co.uk | U-Bahn: Oxford Circus | Soho).* Hingehen, Schild mit Namen und Sprachen ankleben und rein ins Gemenge. Ein ähnliches Treffen findet samstags, 15 Uhr, in der G-Bar statt. Über Facebook bleiben Sie informiert, die Gruppe organisiert auch Tagestrips, Clubnächte, Karaoke u. v. m. Für Singles und Pärchen, Alt- und Neu-Londoner.

auf der Nordseite. *Überfahrt gratis | Mo–Sa 6.10–20, So 11.30–19.30 Uhr | New Ferry Approach | Tel. 88 53 94 00 | www.royalgreenwich.gov.uk | U-Bahn: Woolwich Arsenal (DLR, Südufer), King George V (DLR, Nordufer) | Docklands*

TOUREN

FREE TOUR [138 C1]

Follow me! Wer des Englischen mächtig ist, kann sich jeden Tag von Sandemann's New Europe gratis durch London führen lassen. Das Prinzip der Free Tours funktioniert, weil die Guides auf Trinkgeld-Basis arbeiten. Treffpunkt ist am Apple-Store Covent Garden, konsultieren Sie die Karte, die Sie von der Website downloaden können. *Royal Tour gratis | tgl. 10, 11 und 13 Uhr | Tel. +49 30 51 05 00 30 | www.neweuropetours.eu | U-Bahn: Hyde Park Corner | Westminster*

GRATIS-RUNDGÄNGE

Mit einem besonderen Konzept hat dieser Anbieter im Markt der Londoner Stadtrundgänge Fuß gefasst: Insider Tipp „Free Tours by Foot" bietet seine Touren grundsätzlich gratis an – wobei jeder Teilnehmer am Ende zahlen kann, was es ihm wert war. Muss er aber nicht. Im Angebot sind Themenrundgänge wie Jack the Ripper durch Ostlondon, ein Pub Crawl, Graffiti und Street Art oder auch ein klassischer Westminster-Rundgang. *Tgl. wechselnde Touren, Startzeit und -ort je nach Tour | 149 Cromwell Road | Tel. 32 87 06 75 | www.freetoursbyfoot.com/london-walking-tours | Kensington*

WEMBLEY-STADION [144 C2]

Die Heimat des Wembley-Tors ist dieser Neubau nicht mehr, aber er steht an jener Stelle, an der 1966 die umstrittene Entscheidung im Spiel zwischen Deutschland und England fiel. Das Gebäude entstand zwischen 2003 und 2007 und ist seitdem Stadion der englischen Nationalmannschaft, außerdem das zweitgrößte seiner Art in Europa (nach Barcelonas Camp Nou). Selbst per Online-Buchung kosten die Touren noch 18 €, doch mit dem London Pass kann man Wembley kostenlos besuchen. Wenn keine Veranstaltung im Stadion stattfindet, sind die zumeist Insider Tipp hervorragenden Hotels rundherum sehr günstig! *Tgl. 10–15 Uhr (Sommer bis 19 Uhr), Touren alle 60 Min. | Olympic Way | Tel. (0)844 980 80 01 | www.wembleystadium.com | Wembley*

> Billig und trotzdem lecker? Wir meinen, das geht. In den folgenden Läden werden Sie gut und günstig satt

Dass die Qualität der englischen Küche in jüngerer Zeit Riesenschritte gemacht hat, hat sich herumgesprochen. Gut muss auch nicht immer gleich teuer heißen, für 10 £ können Sie sehr anständig essen, inklusive Getränk. Ein ordentlicher Lunch für 6 £ ist genauso problemlos zu haben. Wichtige Regel für Sparfüchse: Unbedingt „Ethnische Küche" probieren, also vietnamesisches Phô in Dalston, portugiesische Sahnetörtchen um Vauxhall, bengalische Currys in East London – speziell in den unscheinbaren Lokalen isst man gut und günstig. Regel Nummer zwei: Mittagessen ist immer preiswerter, deshalb lieber beim Lunch reinhauen und abends zurückhalten. Suppen mit Brot lohnen sich preislich fast immer, mit 4 £ sind Sie dabei. Viele Restaurants bieten auch günstige Pre-Theatre-Menüs an (Adressen z. B. unter *www.timeout.com*). Pub-Essen, etwas abfällig Pub Grub genannt – also Pasteten, Pommes, Eintopf und Würstchen mit Kartoffelbrei – füllt den Magen, ohne das Portemonnaie sehr zu belasten. Und: Um U-Bahn-Stationen herum, speziell außerhalb des touristischen Zentrums, finden sich oft Snackbuden mit Pizza für 1 £ und Stände mit Obst und Gemüse in Ein-Pfund-Schüsseln.

ESSEN & TRINKEN

AFTERNOON TEA

MINAMOTO [131 E4]

Für westliche Gaumen mag es der japanischen Patisserie vielleicht an Zucker und Fett fehlen, aber die Präsentation der kleinen Küchlein aus Reismehl und Bohnenpaste ist superb. Das Beste: Bei der Bestellung eines Gelee-Pfirsich-, Melonen- oder Schokomacaroon-Teilchens oder einer Reismehl-Kräuterpaste gibt es den Insider Tipp grünen Tee kostenlos dazu! Setzen Sie sich auf die Bank, genießen die Leckereien und beobachten die Shopper, die draußen vorbeisausen. *Patisserie ab £ 1.60 | Mo–Sa 10–20, So 10–19 Uhr | 44 Piccadilly | Tel. 74 37 31 35 | www.kitchoan.com | U-Bahn: Piccadilly Circus | Piccadilly*

VIOLET CAKES [144 C2]

Cupcakes, die kleinen amerikanischen Kuchen mit Zuckergusshaube, haben in Londons Cafészene seit Langem Muffins & Co. abgelöst. In ihrem hippen, gemütlich-kompakten Ladencafé backt die amerikanische Pastrybäckerin Claire Ptak Cupcakes mit biologischen Zutaten: Valrhona-Schokolade, Salzkaramel, frische Obstpürees. Die Zutaten sind zu teuer und Violet Cakes ist zu trendig, um durchweg billige Angebote machen zu können, aber die Minis mit Flavours wie Quitte oder Kokos kosten nur rund £ 1. *Kekse ab 60 Pence | Mo–Fr 8–18, Sa und So 9.30–18 Uhr | 47 Wilton Way | Tel. 72 75 83 60 | www.violetcakes.com | U-Bahn: Hackney Central | Hackney*

ZL CAFÉ [131 E3]

Mitten in London kann man einen kleinen Abstecher in ein französisches Caféhaus mit viel Pariser Flair machen. Der Weg lohnt sich, denn hier gibt es erstklassigen English Breakfast Tea oder Earl Grey für £3.75, und zwar eine große Kanne voll! Dazu kann man aus der vielfältigen Auswahl an feinstem Gebäck Croissants, Palmiers oder Florentin au Chocolat ab £1.95 auswählen. Und in der angeschlossenen Brasserie Zedel, die sehr stilvoll in Art déco eingerichtet ist, werden täglich ab 12 Uhr günstige Festpreis-Menüs angeboten. *Festpreis-Menüs £9.95–13.25 | Mo–Fr 8–23, Sa–So 9–23 Uhr | 20 Sherwood Street | Tel. 77 34 48 88 | www.brasseriezedel.com | U-Bahn: Piccadilly Circus | Charing Cross*

CAFÉS

CAFÉ SOU [133 F3]

Wow! Der protzige Hotelkomplex und Privatclub The Ned gehört zu den exklusivsten Neuzugängen in der Londoner City. Adressen wie diese lassen beim bloßen Anblick den Kontostand sinken. Von der Fassade des historischen, ehemaligen Bankgebäudes sollte man sich aber nicht abschrecken lassen. Denn zur Innenausstattung gehört auch das Café Sou. Hier wird man mittags schon für £4 satt. So viel kostet ein üppiges Stück Quiche Lorraine. Croissants gibt's schon ab £2, Omelettes für £7 und Baguettes ab £5. Und die Quali-

Insider Tipp

CLEVER!

> Happy Hour im Supermarkt

Abends ab etwa 18 Uhr verkaufen die beiden großen Supermarktketten **Sainsbury's** *(www.sainsburys.co.uk)* und **Tesco** *(www.tesco.co.uk)* frische Ware zu besonders günstigen Preisen – gut für Selbstversorger. Das können Obst und Gemüse sein, oder auch oft abgepackte Fertigsnacks. Im Zentrum sollten Sie nach Tesco Metro und Sainsbury's Local Ausschau halten; auf den Supermarkt-Webseiten zeigt Ihnen der „Store Locator" Filialen auf. Im Laden selbst fragen Sie nach „reduced produce", oft steht da „Reduced to clear".

tät kann sich sehen lassen. Das Café Sou sieht nicht nur aus, wie ein Pariser Café, es schmeckt hier auch so. Jetzt nur nicht übermütig werden. Sonst ist das Konto bis zum Abendessen doch noch leer. *Preise £ 2–16 | Mo–Fr 6–22 Uhr | The Ned, 27 Poultry | Tel. 38 28 20 00 | www.thened.com | U-Bahn: Bank | City*

POTTING SHED CAFÉ [144 C3]

Abseits des Trubels befindet sich unweit der U-Bahn-Station Morden ein idyllischer Park, der zu Spaziergängen einlädt – und zu frisch gebackenem Kuchen und Scones, zu Kaffee und Tee. Der National Trust unterhält den Park und betreibt auch das Potting Shed Café mit attraktiven Preisen. Der Cream Tea ist beispielsweise für unter £ 5 zu haben, für denselben Preis gibt es auch Kuchen mit Kaffee. Mittags werden einfache, preiswerte Gerichte angeboten. Im Sommer kann man auch draußen sitzen. Morden Hall Park ist ein 50 ha großes Gelände am Fluss Wandle, das einst der Abtei von Westminster unterstand. *Cream Tea unter £ 5 | tgl. 9–17 Uhr | Morden Hall Road | Tel. (0)20 85 45 68 50 | U-Bahn: Morden | Morden*

SANDWICH CENTRE [131 F4]

Hauptsächlich Angestellte aus den umliegenden Büros kommen her, um hier ihre Mittagspause zu verbringen. Deshalb gibt es eine große Auswahl an Sandwiches, etwa 80 Varianten werden angeboten. Tee gibt's ab 70 Pence, verschiedene Kaffeesorten ab £ 1. Seit fast 30 Jahren betreibt Herr Aulo in der Royal Opera Arcade, Londons ältester Einkaufspassage, sein winziges Café. Touristen verirren sich nur selten hierher, sodass man ganz in Ruhe das Ambiente vergangener Epochen einatmen kann. 1818 wurde der Komplex nach Entwürfen von John Nash erbaut, der auch an der Konstruktion des Buckingham Palace mitwirkte. *Sandwiches zwischen £ 2.50 und £ 7 | Mo–Fr 7–17 Uhr | 2 Royal Opera Arcade | Pall Mall | Tel. 78 39 78 38 | U-Bahn: Piccadilly Circus | Charing Cross*

SCOOTERCAFFÉ [140 C1]

Das Geheimtipp-Nachbarschafts-Café hinter Waterloo Station bietet exzellenten Espresso aus der coolen italienischen 1950er-Jahre-Maschine (£ 1.50) mit köstlichem, selbstgebackenem Kuchen, dazu Drinks zu fairen Preisen – wo kriegt man schon einen Kir für £4? Dazu gibt's Gratis-WLAN und Retro-Sounds. Angeblich sollen hier auch schon Hollywood-Stars wie Johnny Depp und Ethan Hawke Kaffee bestellt haben. *Kaffee und Tee-Auswahl ab £1.50, Cocktails £6 | Mo–Do 8.30–23, Fr bis 0, Sa 10–0, So 10–23 Uhr | Lower Marsh South | Tel. 76201421 | U-Bahn: Waterloo | Waterloo*

FISH & CHIPS

FISHCOTEQUE **[132 C5]**

Ganz sicher nicht Londons schönstes Restaurant, aber eines mit guter klassischer Fish-and-Chips-Küche zu fairen Preisen. Die kleine Fishcoteque an der Waterloo Station gilt als eines der ältesten Fishrestaurants der Stadt und bietet auch Burger und Pies. Wer nicht vor Ort isst, sondern das Ge-

Cooles Café mit exzellentem Espresso: Scootercaffé

richt mitnimmt, spart ein paar Pfund! *Take away Fish & Chips ab £6.95 | Mo–So 11–23 Uhr | 79A Waterloo Road | Tel. 79 28 14 84 | www.fishcoteque.co.uk | U-Bahn: Waterloo | Southwark*

FRYER'S DELIGHT [132 B1]

Dieser traditionelle Chipper in Holborn ist sehr beliebt bei den Londoner Taxifahrern, die dicke Chips und robuste gebratene Fische an orangen Formica-Tischen verspeisen. Fisch und Pommes werden nach alter Herren Sitte in Bratenfett präpariert. Für Pescetarier macht Chef Guiseppe aber auch Ausnahmen und frittiert in Pflanzenöl. Die Preise sind fair. *Fish & Chips ca. £7 | Mo–Sa 12–22 (Takeaways bis 23 Uhr) | 19 Theobald's Road | Tel. 74 05 41 14| U-Bahn: Holborn | Holborn*

INTERNATIONAL

CAMINO [124 A3]

Dieses spanische Bar-Restaurant in einem ruhigen Innenhof einen Steinwurf vom Verkehrsknotenpunkt King's Cross/St Pancras entfernt bietet eine Frühstückskombi zum angenehmen Preis von £5 für drei Teile, etwa Kaffee, frischer O-Saft, Fruchtsalat, Croissant oder ein leckeres Sandwich. After-Work ist eine gute Zeit für günstige Tapas – kleine Bocadillos und eingelegte Oliven ab ca. £3. *Frühstücks-Combo £5, Snacks ab £2.75 | Restaurant: mittags und abends, Bar: tgl. mittags bis 0 Uhr, Fr und Sa bis 1, So bis 23, Frühstück Mo–Fr 9–11.30 Uhr | 3 Varnishers Yard |Tel. 78 41 73 30 | www.camino.uk.com | U-Bahn: King's Cross St Pancras | King's Cross*

CAPHÊ HOUSE [142 A1] Insider Tipp

Nehmen Sie mal das Sparfuchs-Frühstück oder Lunch in diesem sympathischen Daytime-Café in der coolen (und gay-freundlichen) Bermondsey Street ein. Caphê House ist ein authentisches vietnamesisches Lokal, der vietnamesische Kaffee, leckere Baguettes, Phô-Suppen, Reis- und Nudellunch sind durchweg günstig. Den Kaffee und die witzigen „Kaffeemaschinen" auf Durchtropfbasis gibt's auch zu kaufen, für ca. £8 ein nettes Souvenir. *Baguette £5.80, Nudelsuppe £6.90 | Mo–Fr 8–17, Sa 9–17 Uhr | 114 Bermondsey Street | Tel. 74 03 35 74 | www.caphehouse.com | U-Bahn: London Bridge | South Bank*

DISHOOM [124 A2]

Frühstück beim Inder? Oh yes! Die Bacon Naan Rolls von Dishoom sind legendär. Und mit Gerichten ab ca. £ 5 ist auch noch ein Breakfast Lassi für £ 3.90 drin. Die fünf Restaurants sind inspiriert von alten iranischen Cafés in Bombay. Reservierungen sind nur morgens und mittags möglich, abends nur für Gruppen ab fünf Personen. Wer mit weniger Leuten aufschlägt, muss sich anstellen. Spricht für sich: Auch bei schlechtem Wetter bildet sich beispielsweise vor der Filiale in King's Cross eine Schlange. Immerhin wird den Wartenden dann kostenlos Minztee ausgeschenkt. *Kleine Gerichte ab £ 2.50 | Mo–Mi 8–23, Do–Fr 8–0, Sa 9–0, So 9–23 Uhr | 5 Stable Street | Tel. 74 20 93 21 | www.dishoom.com | U-Bahn: King's Cross | King's Cross*

E PELLICCI [127 D4]

Der italienische East-End-Klassiker – seit über 100 Jahren speisen in diesem traditionellen denkmalgeschützten „Caff" (Café für Werktätige) Gangster und Studenten, Taxifahrer und Bauarbeiter ihre Pie-Pasteten, Kartoffelbrei und eingelegten Gelee-Aal. Die Petersiliensauce mag „Liquor" heißen, aber Alkohol muss man sich selbst mitbringen. Frühstück gibt's für unter £ 5, außerdem leckere Lasagne und Mammas Marmeladen-Roly-Poly. Ästhetischer Mehrwert ist durch eiercremefarbenes Vitrolit-Glas und Art-déco-Einlegearbeiten garantiert. *Frühstück für £ 5 | Mo–Sa 7–16 Uhr | 332 Bethnal Green Road | Tel. 77 39 48 73 | www.epellicci.com | U-Bahn: Bethnal Green | Bethnal Green*

HAWRAMAN CAFÉ [0]

Ich will Ruhe! Dann auf in dieses kurdische Delikatessencafé. WLAN gibt's hier bewusst nicht, dafür aber Bücher, Spiele und jede Menge vegetarische und vegane Köstlichkeiten. An den Holztischen werden Falafel, Hummus und Aubergine verspeist. Einige Tische stehen auch im Freien. Die Lage in der Chalk Farm Road jenseits der Hektik des Camden Markets garantiert günstigere Preise. Und wer Glück hat, bekommt einen heißen Kakao oder Ähnliches gratis auf den Tisch gestellt. *Di–Do und So 10.30–20.30, Fr und Sa 10.30–21.30 Uhr | 38 Chalk Farm Road | www.hawramancamdencafe.com | U-Bahn: Chalk Farm | Camden*

Insider Tipp

INDIAN YMCA [123 E5]

„It's fun to stay at the YMCA", sangen schon die Village People, aber wie billig es sich in der indischen YMCA-Kantine toll asiatisch essen lässt, wissen nur wenige. Zu den einfachen Currys kann man sich Linsen-Daal und Reis auf den Teller schaufeln, soviel man will. Und der gute Kaffee ist auch schon im Preis drin! Alkohol gibt's nicht, und man darf (ungewöhnlich für London) auch keinen mitbringen. Oder wie wäre es mal mit einem indischen Frühstück: Upma (eine Art südindischer Grießsnack) mit Chutney, Toast, Joghurt und indischem Tee oder Kaffee gibt's für £2.50, leider nur bis 9 Uhr. *Frühstück £4, Lunch, Dinner £8.50 | Mo–Fr 7.30–9.15, 12–14, 19–20.30, Sa und So 8–9.30, 12.30–13.30, 19–20.30 Uhr | 741 Fitzroy Square | Tel. 73870411 | www.indianymca.org | U-Bahn: Warren Street | Bloomsbury*

TARO [131 F3]

Dieses einfache japanische Restaurant ist eine gute Möglichkeit, u. a. relativ günstig hervorragendes Sushi zu essen. Vier Stücke einer Su-shirolle gibt es schon ab £2.60, auch aufwendigere Teilchen sind durchaus bezahlbar. Suppen und größere warme Gerichte starten bei £6.90. Dieses Restaurant, das Teil einer kleinen, drei Filialen umfassenden Londoner Minikette ist, genießt unter Einheimischen einen guten Ruf. *Sushi ab £2.60 | Mo–Do 12–22.30, Fr und Sa 12–23, So 12.30–21.30 Uhr | 61 Brewer Street | Tel. 77345826 | www.tarorestaurants.co.uk | U-Bahn: Piccadilly Circus | Soho*

TAYYABS [134 C2]

Gute Punjabi-Küche wird in diesem authentisch-pakistanischen Lokal mit seinem hellen, bunten Ambiente serviert: Kebabs etwa, Karahi-Currys und Tandoori-Hühnchen. Es ist meist voll und laut, nichts für romantische Abende, man wird eher gehetzt („Anything else, anything else?"), aber bei den Preisen kann keiner meckern. Alkohol bringen Sie selbst mit, aus Rücksicht auf die muslimischen Nichttrinker sollten laute Trinksprüche unterbleiben. Im Voraus buchen, sonst stehen Sie an, und selbst mit Reservierung kann es passieren, dass man etwas wartet – aber die Top-Qualität des Essens ist den Preis und die Warterei wert. *Mehrgängiges*

Dinner ca. £15 | tgl. 12–23.30 Uhr | 83–89 Fieldgate Street | Tel. 72 47 64 00 | www.tayyabs.co.uk | U-Bahn: Whitechapel | City

WONG KEI [131 F3]

Entweder man liebt es oder man hasst es: Wong Kei ist auch nach einer Renovierung verschrien als das unfreundlichste Restaurant in China Town – gerade wegen der pampigen Kellner aber kommen viele her. Denn deswegen genießt Wong Kei in London Kultstatus. Dafür geht es bei den Preisen fair zu: Keine versteckte Service Charge wie in so vielen anderen Restaurants in Central London, die Hauptgerichte starten schon bei £4, und auch ein ganzes Menü gibt es schon für unter £10. *Gerichte ab £4 | Mo–Sa 12–23.30, So 12–22.30 Uhr | 41–43 Wardour Street | Tel. 74 37 84 08 | U-Bahn: Leicester Square, Piccadilly Circus | Soho*

SELBSTVERSORGER

HARRODS FOOD HALL [138 B2]

In der noblen Food Hall von Harrods liegen immer irgendwelche Kleinigkeiten zum Probieren aus: „Sampling" heißt das, nicht Schnorren. Ansonsten kann man ja auch einen Mini-Luxusartikel zum Schnabulieren erwerben – ein Hit für Gourmets sind etwa Laduree-Macaroons ab £1.50. Ein bisschen Respekt muss man dem kulinarischen Luxustempel schon erweisen, der Dresscode verlangt nach einem Minimum an Anstrengung, will heißen: Bitte keine bauchfreien Tops oder abgeschnittenen Jeans! *Mo–Sa 10–21, So 11.30–18 Uhr | 87–135 Brompton Road | Tel. 77 30 12 34 | www.harrods.com | U-Bahn: Knightsbridge | Knightsbridge*

MARKS & SPENCER [130 C3]

Die Kaufhauskette Marks & Spencer ist eine britische Institution – obwohl sie überwiegend Bekleidung vertreibt, die – vorsichtig gesagt – nicht immer die jüngsten Trends aufgreift. Was wenige Besucher wissen: Die Lebensmittelabteilungen gelten als Delikatessentempel. Dabei sind sie vor allem auf erstklassige Fertiggerichte spezialisiert: aufwendige und frische Salate, leckere Sandwiches, exotische Sushi-Pakete, sündhafte Nachspeisen. Und das Beste: Das alles gibt es zu Preisen, die jeden Schnellimbiss unterbieten. Wer sich gesund, lecker und günstig ernähren will, aber keinen Wert auf Restaurants legt, ist hier bestens auf-

Bild: Gute Punjabi-Küche mit Tandoori-Hühnchen und frischem Naan – Tayyabs

EST
1972
Tayyabs

gehoben. *Mehrere Filialen, z. B. Mo–Fr 7–22, Sa 8–22, So 12–21 Uhr | Bond Street Underground, Westone Shopping Centre | Tel. 74091708 | www.marksandspencer.com | U-Bahn: Bond Street | Mayfair*

STREET FOOD – FOOD STREET [125 F5]
Jeden Donnerstag und Freitag findet zwischen 11 und 17 Uhr der Whitecross Street Market mit vielen Verkaufs- und Essensständen statt. Motto: Preiswerte Leckereien am Stand kaufen und dann zum Picknick in die Sonne setzen, beispielsweise auf den Bunhill-Fields-Nonkonformisten-Friedhof *(www.cityoflondon.co.uk)*. Bei Regenwetter erlaubt der Two-Brewers-Pub *(121 Whitecross Street | Tel. 76820910)*, Essen mit ins Lokal zu bringen. Und im freundlichen Fix-Café *(Hausnummer 161 | www.fix-coffee.co.uk)* nahebei gibt es fair gehandelten Kaffee plus Gratis-Internet – ein guter Platz zum Ausruhen. *Do und Fr 11–15 Uhr | www.bitecross.co.uk | U-Bahn: Old Street | City*

SNACKS INTERNATIONAL

CHIPOTLE MEXICAN GRILL [131 F2]
Diese populäre Burrito-Bar ist günstig (Essen unter £ 10), aber nicht billig. Dafür hat man die Garantie, dass Steak oder Schweinefilet etc. nicht aus der Massentierhaltung stammen. Besonders lecker: Das Hühnchen für den Chicken Burrito ist in Chipotle-Adobo-Chilipaste mariniert. Vegeta-

CLEVER!

> Ran an die Gutscheine

Viele Restaurantketten – wie Cafe Rouge, Zizzi, La Tasca – bieten über *www.vouchercodes.co.uk* Rabatt-Gutscheine zum Ausdrucken an. Zum Beispiel: Zwei kleine Burger mit einer großen Portion Pommes zum Teilen gibt's dann für £ 10 bei Gourmet Burger Kitchen oder „2-for-1"-Hauptgerichte bei Pizza Express. Klicken Sie auf „Restaurant Vouchers" oder „Printable Vouchers", entweder bereits zu Hause (Voucher-Ausdrucken verpflichtet zu nichts), oder das nächste Internetcafé hilft Ihnen weiter. Es schadet auch nichts, sich für den wöchentlichen Gratis-Newsletter zu registrieren.

rier können einen Schwarzbohnen-Burrito bestellen. *Burritos ca. £7 | Mo–Sa 11–23, So bis 22 Uhr | 6 Filialen, z. B.: 101–103 Baker Street | Tel. 79 35 98 81 | www.chipotle.co.uk | U-Bahn: Baker Street | Marylebone*

COMPTOIR LIBANAIS [131 D2]

Alles so schön bunt hier: Die Filialen der preisgekrönten Kette sind poppig eingerichtet und kinderfreundlich. Serviert werden so leckere wie gesunde libanesische Mezze, Tagine-Gerichte und ungewöhnliche Getränke wie Granatapfel- und Orangenblüten-Limo mit frischer Minze – nicht ganz billig, aber günstig für die Top-Qualität. Nett zum Shoppen: Christopher's Place nebenan, einen Steinwurf von der Oxford Street entfernt. *Frühstück £2.95, Gerichte tagsüber unter £10 | Mo–Sa 8–23, So 9–22 Uhr | 65 Wigmore Street | Tel. 79 35 11 10 | www.lecomptoir.co.uk | U-Bahn: Bond Street | Marylebone*

Insider Tipp **HARE & TORTOISE** [124 A5]

„Cheap and cheerful", wie die Engländer sagen, sind diese Nudelbars, u. a. in Bloomsbury. Hier genehmigen sich viele Besucher eine schnelle, großzügige, panasiatische Portion für wenig Geld; Schlangestehen gehört dazu. Ein architektonischer Leckerbissen ist das „Hase und Schildkröte" durch seine Lage im Brunswick Centre. *Hauptgerichte ca. £6 | tgl. 12–23 Uhr | 11–13 Brunswick Centre | Tel. 72 78 97 99 | www.hareandtortoise.co.uk |U-Bahn: Russell Square | Bloomsbury*

HUMMUS BROS. [131 F3]

„Give Peas a Chance" ist der Slogan der Kichererbsen- und Sesampaste-Gebrüder in Soho in Abänderung des alten friedensbewegten Spruchs. Der leckere Dip, der ursprünglich aus dem Nahen Osten stammt, bildet die Basis für Toppings wie Hühnchen oder Guacamole mit fluffig-warmem Pitta-Brot. Richtig günstig und mal ganz was anderes, heruntergespült vielleicht mit einer frischen Minz- und Ingwerlimonade (ca. £2.95). WLAN gibt's gratis dazu. Zur Mittagszeit sind die Preise günstiger als am Abend bzw. an Wochenenden, da Sie sich Ihr Essen selbst am Tresen abholen, bei den Hauptgerichten hat man zudem die Wahl zwischen zwei Größen. Weitere Filialen befindet sich u. a. in Holborn und St Paul's. *Hauptgerichte ca. £4–7 (Lunch), £6–9 (Dinner) | Mo–Fr*

11–22, Sa 12–22, So 12–21 Uhr | 88 Wardour Street | Tel. 77 34 13 11 | www.hbros.co.uk | U-Bahn: Piccadilly Circus, Tottenham Court Road | Soho

PIEMINISTER **[132 C4]**

Bei all den multikulturellen Einflüssen in der britischen Metropole ist dieses winzige Cafè, in dem es fast ausschließlich englische Pies gibt, eine willkommene Abwechslung: endlich mal wieder traditionelle englische Küche, und günstig sind die leckeren Teilchen auch. Ab £4 werden die hausgemachten, vielfach prämierten Pies angeboten. Vorm Laden hat man einen guten Blick auf die charmante Shoppingmall Gabriel's Wharf – in dieser kleinen Passage bieten hauptsächlich Künstler und Kunsthandwerker ihre Produkte an. *Pies ab £5 | Mo–Fr und So 12–17, Sa 11–18 Uhr | 11 Gabriel's Wharf | 56 Upper Ground | Tel. 79 28 57 55 | www.pieminister.co.uk | U-Bahn: Southwark | South Bank*

VEGETARISCH & VEGAN

Insider Tipp

BONNINGTON CAFÉ **[140 B5]**

Dieses gemütliche, vegetarisch-vegane Kooperativenrestaurant in einer hübschen Seitenstraße nahe des südlichen Themse-Ufers ist ein Geheimtipp für alternativ angehauchte Reisende. Sie essen im Kerzenschein zu Abend, im Winter brennt ein Feuer im Kamin. Die Preise sind niedrig, jeden Tag kocht ein anderer der internationalen Brigade (das Bonnington war mal eine Hausbesetzer-Kantine), Wein oder Bier muss mitgebracht werden. Dieses Lokal ist etwas kompliziert zu finden; der Link zu Google Maps auf der Website hilft weiter. *Nur Bargeld, Vor- und Nachspeisen £3, Hauptgerichte £8 | tgl. 12–14 und 18.30–22.30 Uhr | 11 Vauxhall Grove | www.bonningtoncafe.co.uk | U-Bahn: Vauxhall | Lambeth*

ITADAKI ZEN **[124 B3]**

Der kleine, aber feine Bio-Japaner serviert eine breite Spanne hochinteressanter veganer Gerichte im hellen Holz-Ambiente. Das kann Tempura-Gemüse sein, Umi-Kohl, Algen und Kimcha-Gemüsepickles oder ein gemischter Gokokugohan-Fünf-Körner-Reis. Am Abend werden 10 Prozent auf den Preis aufgeschlagen, das Ganze bleibt trotzdem noch im Rahmen. Und wegen Leckereien wie dem Grüntee-Bio-Espresso (£2) macht Essengehen in London so viel Spaß! *Miso-Suppe £2, kleine Gerichte ab £3 | Mo–Fr 12–15, Mo–Sa 18–22 Uhr | 139 King's Cross Road | Tel. 72 78 35 73 | www.itadakizen-uk.com | U-Bahn: King's Cross/St Pancras | King's Cross*

VIJAY'S CHAWALLA [O]

Dieses beliebte vegetarische Restaurant in der vom Tourismus noch wenig entdeckten Shoppingstraße Green Street bietet niedrige Preise bei hoher Qualität. Hier gibt es südindische, Gujarati- und Punjabi-Gerichte. Klassiker wie Chana Masala (Kichererbsen in scharfer Tomatensauce) mit Puris und Salat für £6.25, vielleicht mit einem Masala-Gewürztee dazu? Thali-Gerichte mit leckeren Dingen auf einer Platte kosten um die £9. Im Gegensatz zu vielen anderen „indischen“ Restaurants ist die Küche hier authentisch. *Gerichte ab ca. £5 | tgl. 11–21 Uhr | 268–270 Green Street | Tel. 84 70 35 35 | www.vijayschawalla.co.uk | U-Bahn: Upton Park | Plaistow*

Kleiner, feiner Bio-Japaner mit veganen Gerichten: Itadaki Zen

INTERNET-JAGD

Wer mittags statt abends groß essen geht, kann sich mehr leisten. Der Buchungsservice *www.opentable.co.uk* hilft – und bietet zudem jeden Tag Rabatte für die neuen, trendigsten sowie die klassischen, teueren Restaurants an.

L'ATELIER DE JOEL ROBUCHON [132 A3]

„Value for Money" – hier gibt's das wirklich, besonders zur Lunchtime. Im minimalistischen, schwarz-rot gestylten Erdgeschoss kreiert das Team um den „Koch des Jahrhunderts" (Gault-Millau) moderne französische Klassiker, die mittags schon mal bezahlbar sind; in einer spielerischen Komponente werden Gäste sogar eingeladen, sich an der Zubereitung zu beteiligen. Das Festpreis-Menü ist in Voucher- und Coupon-Angeboten zu finden. *Prix-fixe-Lunchmenü £29 für drei Gänge, Mo–Sa 12–13.30 (online vorbestellen) | Mo–Sa 12–15, Mo 17–22.30, Di–Do 17.30–23, Fr und Sa 17.30–0, So 12–16, 18.30–22.30 Uhr | 13–15 West Street | Tel. 70 10 86 00 | www.joelrobuchon.co.uk | U-Bahn: Leicester Square | Soho*

PORTRAIT RESTAURANT [132 A4]

Im obersten Stockwerk der National Portrait Gallery hat man einen schönen Blick auf St Paul's Cathedral, Big Ben und die Dächer der Stadt – eine wunderbare Atmosphäre für einen Afternoon Tea nach dem Museumsbesuch. Mit £27.50 pro Person ist das hier zwar nicht preiswert, aber eine wesentlich günstigere Variante als etwa der ähnlich stimmungsvolle Afternoon Tea im Ritz! Die Scones mit Clotted Cream, Gurkensandwiches, feine Patisserie und englischer Tee munden vortrefflich. Und bei dem Gedanken, dass die Berühmtheiten auf den Bildern im Museum früher auch dieser Tradition nachgingen, genießt es sich doppelt gut. *Afternoon Tea £27.50 pro Person, tgl. 15.30–16.30 Uhr | So–Mi 10–16.30, Do–Sa 10–20.30 Uhr | St Martin's Place | Tel. 73 12 24 90 | www.npg.org.uk | U-Bahn: Charing Cross, Leicester Square | Covent Garden*

VINCENT ROOMS [139 E3]

Die Brasserie der Vincent Rooms ist dem Westminster Kingsway Catering-College angeschlossen, das Köche,

LUXUS LOW BUDGET

Sommeliers und Bedienungskräfte ausbildet. So kostet Sie ein Drei-Gänge-Menü mit Kanapees, Wein und Kaffee sowie Petits Fours nur etwas über erfreuliche £25. Oder wählen Sie einfach ein Hauptgericht à la carte ab £8: vielleicht „Sautierter Schwertfisch auf geschmorten Tomaten-Mondbohnen mit Safran&Koriander-Couscous" oder „Spinat-Dolcelatte-Kastanien-Ravioli mit Fenchelschaum und Apfel-Sellerie-Kürbis-Salat"? Jamie Oliver und Celebrity-Chef Antony Worrall Thompson haben hier ihr Handwerk gelernt, Panoramafenster, elegante Lampen und die orange-gelben Regency-Holzpaneele tragen zur besonderen Stimmung bei. *Gerichte ab £8 | Mo–Fr 12–15 Uhr, zusätzlich an bestimmten Abenden 18–21 Uhr | Victoria Centre, 76 Vincent Square | Tel. 78028391 | www.westking.ac.uk | U-Bahn: Victoria | Victoria*

(Fast) zu schön zum Essen: Im Vincent Rooms wird auch das Auge verwöhnt

> Kleine preiswerte Geschäfte, günstige Designershops: Hier steht, wo Sie billig einkaufen können

Zum Glück war „Window Shopping“, also der gute alte Schaufensterbummel, selbst in den nobelsten Einkaufsvierteln ja schon immer kostenfrei – Bond Street, Savile Row und King's Road in Chelsea lassen grüßen. Die drei edlen viktorianischen Arkaden an Piccadilly (Burlington, Piccadilly und Prince's) bieten mit ihren Antiquitäten, Silber- und Kaschmir-Auslagen schöne Anblicke nebst stilvollem Schutz vor Regen, und die Schaufenster von Fortnum & Masons an derselben Straße sind immer einen Stoppover wert. Am anderen Ende der Fahnenstange ist das Angebot riesig. So verkaufen die weitverbreiteten Pound Shops alles Mögliche und Unmögliche meist tatsächlich für ein Pfund Sterling. Supermärkte wie Sainsbury's, Tesco oder ASDA lohnen sich nicht nur wegen der Sonderangebote, sondern vor allem wegen ihrer oftmals hervorragenden Eigenmarken-Artikel (Kosmetikserie etwa mit Gesichtsreiniger für 99 Pence). Tipp: Die Läden der Museen bieten hübsche und originelle Kleinigkeiten, die nicht die Welt kosten – so ist etwa der Eintritt zum Gift Shop des sonst recht teuren London Transport Museums in Covent Garden frei und lohnt sich für witzige London-Souvenirs.

SHOPPEN

FLOHMÄRKTE

Insider Tipp

BATTERSEA CAR BOOT SALE [144 C3]

Der generalstabsmäßig organisierte Klassiker unter den Londoner „Kofferraum-Verkäufen" *(www.batterseaboot.com)* findet das ganze Jahr über jeden Sonntagnachmittag ab 11.30 Uhr statt. Hier findet sich alles rund um Kleidung, Accessoires, Mobiliar usw. Die Eintrittspreise sind gestaffelt – je nachdem, um welche Uhrzeit man rein will, kostet es £5, £3 oder £0.50. Hier lohnt sich Sparen beim Eintritt nicht, wer spät kommt, steht an und kann nur noch kaufen, was die Frühaufsteher übrig gelassen haben. *Jeden So | Eintritt ab 13.30 Uhr £0.50 | Harris Academy, 401 Battersea Park Road | Tel. (0)7941 383588 | Zug: Battersea Park, Queenstown Road | Bus: Nr. 44, Nr. 344 | Battersea*

HACKNEY FLEA MARKET [0]

Wer zur richtigen Zeit in London ist, sollte sich auf diesem informellen und unkommerziellen Flohmarkt auf Schnäppchenjagd machen. Etwa 30 hiesige Verkäufer breiten hier (Damen-)Kleidung, Accessoires, Bücher und Platten je nach Standort auch auf dem Gehweg aus. Die beliebte Fünf-Pfund-Kleiderstange bietet gute Schnäppchen, aber auch im 50-Pence- und Ein-Pfund-Spektrum werden Sie mit Sicherheit fündig. Handeln ist erlaubt. Mehrwert entsteht durch das ständig wechselnde Rahmenprogramm mit Livemusik, Performance, Thai-Massagen, Handlesern, DJs ... *Wechselnde Wochenenden, einmal im Monat Sa 11–So 18 Uhr | Abney Hall, 73A Stoke Newington Church St. | Tel. 79 98 85 86 | www.hackneyfleamarket.com | Zug: Stoke Newington | Hackney*

PIMLICO ACADEMY **[139 E5]**

Wem die Klassiker zu riesig und gedrängt sind, dem bietet dieser Flohmarkt sonntagmittags eine gute Alternative; hier müssen Sie für Ihre Schnäppchen nicht in aller Herrgottsfrühe aufstehen. Und auch ein bisschen Regen sollte Sie nicht abschrecken: Der Car Boot Sale läuft drinnen und draußen. Ab 11.30 Uhr kostet der Eintritt £1; wer vorher rein will, zahlt £5. Wer mag, verpasst dem Stöbern einen kulturellen Mehrwert mit einem Gratis-Besuch in der nahegelegenen Galerie Tate Britain. *Eintritt ab 11.30 Uhr £1 | jeden So bis 14.30 Uhr | Pimlico Academy, Lupus Street, Eingang Chicester Street | Tel. (0)845 094 38 71 | www.capitalcarboot.com | U-Bahn: Pimlico | Westminster*

KULINARIEN

POUNDLAND

Im „Pfundland"-Sparparadies, wo tatsächlich die meisten Artikel etwa

CLEVER!

> Spartipps zum Ausdrucken

Tipp zum Billig-Shoppen: Viele bekannte Marken sind auf Voucher-(Gutschein-) Webseiten wie *www.myvouchercodes.co.uk* vertreten – schauen Sie nach „Printable Vouchers" zum Ausdrucken. *www.moneysupermarket.com* ist eine weitere tolle Seite mit exzellenten Spartipps, Preisvergleichs-Optionen, Vouchers und Discount-Codes, die man bei Online-Bestellungen eingeben kann; wer sich hier registriert, erhält einen wöchentlichen elektronischen Newsletter. Die Spanne reicht von Elektronik über Geschenkartikel und Musik bis zu Kleidung. Wer die Postleitzahl seines Hotels oder Hostels eingibt, kann in den Genuss verschiedenster Gutscheine kommen, für den nächstgelegenen Marks & Spencer oder die Boots-Drogeriekette beispielsweise. Praktisch ist auch die alphabetische Liste der teilnehmenden Geschäfte.

ein Pfund kosten, finden Selbstverpfleger keine frischen Produkte, aber gute und günstige Basics wie Instantkaffee, Dosengemüse, Fertiggerichte und After Eights – alles wesentlich billiger als in den meisten Supermärkten. Die pfundige Idee wurde 1990 geboren, heute gibt es ein Dutzend Filialen in London. Die größte befindet sich im vorstädtischen Croydon, aber es gibt auch genügend in zentraleren Lagen, alle zu finden über den Storefinder-Link auf der Website. *Öffnungszeiten variieren von Laden zu Laden | www.poundland.co.uk*

TWININGS **[132 B3]**

Großer Tee-Genuss zum Minipreis gefällig? Twinings ist nicht nur einer der berühmtesten Teeblender der Welt, der wunderschöne Laden von 1706 zählt auch zu den ältesten der Stadt. In dem schlauchförmigen Geschäft mögen sich Shopper ein bisschen gegenseitig auf die Füße treten, hinten im Tee-Museum dürfen Insider Tipp sie dafür gratis eine heiße Tasse Tee genießen – die ganze Sortenpalette der Beuteltees steht zur Verfügung. Für 10 Pence können Sie auch einzelne Teebeutel der interessantesten Sorten kaufen – Earl Grey & Orangenblüten, Weißtee mit Granatapfel, Rosengarten oder Cranberry & Blutorange etwa, also Mischungen, die zu Hause nicht immer zu haben sind. *Mo–Fr 9.30–19, Sa 10.30–17.30, So 11–17 Uhr | 216 The Strand | Tel. 73 53 35 11 | www.twinings.co.uk | U-Bahn: Temple | City*

MODE

& OTHER STORIES **[124 A2]**

Auch wenn der Name Bücher oder andere Kulturware vermuten lässt: Die Kette gehört zu H&M und richtet sich an stylische Frauen, denen das Angebot des Billiganbieters nicht genug ist. Erfreulich: Auch hier sprengen die Preise nicht das Konto. T-Shirts gibt's schon für £ 17 und Jeans für £ 59. Die Läden, wie der in King's Cross, bieten alles von Unterwäsche über Klamotten und Schuhe bis Lippenstift, Taschen und Schmuck – natürlich immer aufeinander abgestimmt. So findet sich das perfekte Outfit, und das trägt sich – vor allem in einer Stadt wie London – besonders gut. *Mo–Sa 10–20, So 12–18 Uhr | 7 Goods Way | Tel. 30 57 27 10 | www.stories.com | U-Bahn: King's Cross | Camden*

BEYOND RETRO [0]

Das Beste aus den 60ern, 70ern und 80ern. Der Flagship-Store der kleinen Klamottenkette im Osten Londons hat die größte Auswahl an Vintage-Ware, auch aus anderen Jahrzehnten des 20. Jahrhunderts. Selbst wer nur mit Kleingeld antanzt, wird hier fündig. Für weniger als £10 gibts bereits Mützen und Kleinkram. Sogar Mäntel starten bei £55. Beyond Retro rettet Klamotten vor dem Müll, verkauft die Diamanten im Laden und recycelt die weniger schicken Stücke: Aus den Textilien wird neue Kleidung, die unter eigenem Label in die Läden kommt. Wer sich durstig gekauft hat, kann sich im angeschlossenen Café erfrischen. *Mo–Di 10.30–19, Mi–Fr 10.30–20, Sa 10.30–19, So 11.30–18 Uhr | 92 –100 Stoke Newington Road | Tel. 77 29 90 01 | www.beyondretro.com | Dalston*

MORLEYS [144 C3]

Ob's an der Lage im Multikulti-Stadtteil Brixton liegt? Morleys ist ein Kaufhaus wie andere in London auch – doch die Preise hier scheinen durchweg etwas geringer zu sein. Dabei bietet dieses Kaufhaus vieles, das es auch im teueren West End gibt, sogar die beliebten Topshop-Bekleidungsstücke. Und: Das etwas ärmere Brixton stellt auch einen guten Kontrast zum funkelnden Zentrum dar. *Mo–Sa 9.30–20, So 11–17 Uhr | 472–488 Brixton Road | Tel. 72 74 62 46 | www.morleysbrixton.co.uk | U-Bahn: Brixton | Brixton*

OXFAM BOUTIQUE [128 B3]

Diese neuere Generation der „Charity Shops" wurde lanciert als Schaufenster für die besten abgelegten Designerstücke und recycelten Klamotten junger britischer Designer. Von den zahlreichen Londoner Boutiquen ist die Notting-Hill-Filiale die zentralste und beste, mit Damen- und Herrenkleidung in modernem Ambiente, fair gehandeltem Schmuck und Sixties-Style statt der muffligen Atmosphäre, die leider manche Wohltätigkeitsläden kennzeichnet. *Mo–Sa 10–18, So 12–16 Uhr | 245 Westbourne Grove | Tel. 72 29 50 00 | www.oxfam.org.uk | U-Bahn: Notting Hill | Notting Hill*

WESTFIELD SHOPPING CENTRE [144 C2]

Das Westfield Shopping Centre ist eines der größten Indoor-Einkaufszentren Europas, mit einem Mix aus

Bild: Verkauft günstig abgelegte Designerstücke – Oxfam Boutique

SHOPPEN

über 250 Designer- und normalpreisigen „High Street"-Läden auf 150 000 m^2 unter dem architektonisch auffälligen, übrigens in Stuttgart entworfenen, Dach. Jede Woche wird ein neues Discount-Bouquet zusammengestellt (zu sehen auf der Homepage unter „Offers & Events"), und zu Schlussverkaufzeiten sollten Sie einen Online-Blick auf das „Sales Diary" werfen. Ein noch größeres Westfield Shopping Centre eröffnete anlässlich der Olympischen Spiele 2012 in Stratford, direkt am gleichnamigen Bahnhof. *Mo–Sa 10–22, So 12–18 Uhr | Ariel Way | Tel. 33 71 23 00 | www.westfield.com | U-Bahn: Wood Lane | Shepherd's Bush*

MUSEUMSSHOPS

DESIGN MUSEUM SHOP [136 B2]

Originelle Mitbringsel für Leute, die ansonsten schon alles haben: Das Design Museum am Südufer der Themse bietet in seinem Shop originelle Dinge wie Taschen, Untersetzer, Becher und Miniaturmodelle von Sehenswürdigkeiten – alles, wie man es für diesen Ort erwartet, streng durchgestylt und größtenteils nicht zu Hause zu finden. Schicker Schnickschnack schon für weniger als £10. *Mo–So 10–18 Uhr | 224–238 Kensington High Street | Tel. 3862 5900 | www.designmuseum.org | U-Bahn: High Street Kensington | Kensington*

FREUD MUSEUM SHOP [144 C2]

Kaum zu glauben, dass man dem ernsten Thema der Psychoanalyse etwas Humorvolles abringen kann: Der Shop des Freud-Museums in London verkauft nicht nur Bücher über Sigmund Freud, der in London starb – sondern auch Spiele, Becher und andere Dinge. Hier findet man besondere Souvenirs, auch mit kleinem Budget (z.B. eine witzige Freud-Fingerpuppe für £6.50 oder originell verpackte Süßigkeiten ab £3.50). *Mi–So 12–17 Uhr | 20 Maresfield Gardens | Tel. 74352002 | www.freud.org.uk | U-Bahn: Finchley Road | Hampstead*

LONDON TRANSPORT MUSEUM [132 B3]

Für Eisenbahn- und Londonfreunde ist es ein Mekka – aber auch Andere finden im Shop des Transport-Museums am Covent Garden garantiert etwas. Auf zwei Etagen werden hier Bücher über die Londoner U-Bahn (die erste der Welt übrigens) angeboten, aber auch Dinge, die es sonst nur in den U-Bahnen selbst gab oder gibt (wie original Gepäckablagen oder Sitzkissen aus dem Stoff der U-Bahn-Bänke). Auch fast alle Werbeposter von London Underground können erworben werden – viele davon sind preisgekrönte Kunstwerke. Gleich im Eingangsbereich gibt es immer wieder Sonderangebote, günstig sind auch die Poster im Obergeschoss, im Sale unter £2! *So–Di 10–18.30 Uhr, Mi, Do, Sa bis 19 Uhr, Fr 11–19 Uhr | Covent Garden Piazza | Tel. 75657295 | www.ltmuseum.co.uk | U-Bahn: Covent Garden, Temple, Leicester Square | Soho*

MUSEUM OF LONDON [133 E2]

Zugegeben: Manches im Shop des Museum of London ist ein bisschen kitschig, aber wer hier kein Mitbringsel findet, dem kann auch nicht mehr geholfen werden. Neben London-typischen Gimmicks wie Kissen, Melonenhüten und Sherlock-Holmes-Mützen gibt es auch immer wieder Dinge, die zu Sonderausstellungen im Haus passen. Vieles einzigartig und oftmals erstaunlich günstig. Das Museum ist übrigens ebenfalls einen Besuch wert – und kann kostenlos besichtigt werden. *Tgl. 10–18 Uhr | 150 London Wall | Tel. 78 14 56 00 | www.museumoflondonshop.co.uk | U-Bahn: Barbican | City*

MUSIK UND GESCHENKE

HMV [131 E2]

Dieser „His Master's Voice"-Megastore ist der größte im Land. Kaufen muss hier niemand etwas, „Listening Posts" laden zum Gratis-Reinhören in die neuesten CDs ein. Außerdem geben hier Bands, die gerade schwer im Kommen sind, bisweilen ein Gratis-Konzert – man muss allerdings früh kommen und sich ein Eintritts-Armband (Wrist Band) abholen. Etablierte Stars geben auch schon mal Autogramme ... *Mo–Sa 9–21.30, So 12–18 Uhr | 363 Oxford Street | Tel. (0)843 221 02 00 | www.hmv.com | U-Bahn: Bond Street | Soho*

WATERSTONES [131 F2]

Die riesige Buchhandelskette hat sich in den vergangenen Jahren neu erfunden. So werden die Büchertische mittlerweile liebevoll von den Verkäufern kuratiert und persönliche Tipps helfen bei der Kaufentscheidung. Wer sich festgelesen hat, findet im Café der Tottenham-Courtroad-Filiale auch Sitzplätze. Im Keller finden zudem Veranstaltungen statt. Insider Tipp Die Lesungen und Diskussionsrunden mit Autoren kosten nur zwischen £3 und £5. Der regelmäßige Boozy Bookclub ist sogar kostenlos. Wer das besprochene Buch kauft, erhält außerdem einen Gratis-Cocktail. Richtig gehört: Im Keller des Buchladens steht auch eine Bar. *Kleine Geschenke ab £2 | Mo–Sa 9–21, So 12.30–18.30 Uhr | 19–20 Tottenham Court Road | Tel. 74 36 18 86 | www.waterstones.com | U-Bahn: Tottenham Court Road | Fitzrovia*

SECOND HAND/CHARITY

In London kleiden sich auch Stars gerne in Charity Shops ein. Die Erlöse dieser Secondhand-Läden kommen einem guten Zweck zugute. Generell gilt das Prinzip: Je besser die Gegend, desto besser die abgegebenen Klamotten, aber auch umso teurer. Und: Die Anzahl der Charity-Läden ist in ärmeren Gegenden wie dem East End deutlich höher als etwa im reichen Kensington. Die Herausforderung liegt bei der Schatzsuche in ärmeren Gegenden – man sollte mehrere Läden abklappern, für viele Briten ist das eine Art Volkssport.

ABSOLUTE VINTAGE [126 B5]
In diesem Secondhand-Geschäft für Mode und Accessoires aus den 30er- bis 80er-Jahren findet sich sicherlich die größte Auswahl an qualitativ hochwertigen gebrauchten Schuhen (mehr als 1000 Paar!) in ganz London. Von Sandalen über Pumps in allen Farben bis zu 80er-Jahre-Boots oder Cowboystiefeln ist ab £ 15 alles zu haben. Aber auch preisgünstige Ledertaschen, Retro-Sonnenbrillen und Schmuck bietet der Laden in der Old Truman Brewery an. Ein Bummel durch diese sehenswerte renovierte Ex-Brauerei lohnt ebenfalls, viele Künstler und Kunsthandwerker haben hier ihre Ateliers und Shops. *Mode und Accessories ab £6 | Mo–So 11–19 Uhr | 14 Hanbury Street | Tel. 72473883 | www.absolute vintage.co.uk | U-Bahn: Aldgate East | Spitalfields*

ANY AMOUNT OF BOOKS [132 A3]
Londoner haben nicht nur ein Faible für Secondhand-Mode, sondern stöbern auch besonders gern in alten Büchern. In der Charing Cross Road, in der traditionell viele Buchläden zu finden sind, gibt es auch dieses Antiquariat. Verkauft werden aktuelle Romane ebenso wie sehr gut erhaltene antiquarische Bücher. Da das Geschäft nur sehr große Bestände aufkauft, sind die Preise niedrig, und für Abwechslung ist gesorgt. Alle drei Monate findet ein Ausverkauf statt, bei dem die Bücher oft nur £ 1 kosten. Ein Blick ins Untergeschoss lohnt sich, und auch wenn man hier lange stöbern muss, finden sich mit Geduld in den vielen Regalen die schönsten Schnäppchen und Raritäten. *Bücher ab £1 | tgl. 10.30–21.30 Uhr | 56 Charing Cross Road | Tel. 78363697 | www.anyamount ofbooks.com | U-Bahn: Leicester Square | Covent Garden*

CANCER RESEARCH [144 C3]
Wer in diesem Südwestlondoner Wohltätigkeitsladen nach Vintage-Klamotten von Marken wie Gucci, Aquascutum, Vuitton und Prada stöbert, tut was für die Krebshilfe. Vieles ist aus den 1950ern, Pelz ist auch dabei, also eher Klasse fürs Geld statt Billigheimer. Es gibt aber bereits Nettes ab etwa £ 5. Wenn Sie schon

mal in Suburbia sind, ein Tipp: Der Zutritt zu den berühmten Chiswick Gardens *(tgl. bis Einbruch der Dämmerung | www.chgt.org.uk)* ist gratis, die Gärten waren eine Inspiration für große Gärten von Blenheim Palace bis New Yorks Central Park. *Mo–Sa 9.30–17.30, So 11–17 Uhr | 392 Chiswick High Road | Tel. 89 94 43 91 | www.cancerresearchuk.org | U-Bahn: Chiswick Park | Chiswick*

Insider Tipp **OCTAVIA FOUNDATION** **[138 A2]**

Diese Wohltätigkeitsorganisation setzt sich für würdige Wohnbedingungen ein, ihre Charity Shops bieten eine prima Auswahl an klassischen und schicken Teilen – besonders gut ist der Laden bei Hosen und Anzügen für Damen und Herren. Manches ist Neuware aus Schlussverkäufen und eingestellten Kollektionen, an der £-1-Stange gibt's Super-Sonderangebote an Designerklamotten. Der Laden liegt übrigens nur einen Steinwurf von der heiligen Dreifaltigkeit der Gratis-Museen V&A, Science und Natural History entfernt. *Mo–Sa 10–18, So 12–17 Uhr | 211 Brompton Road | Tel. 75 81 79 87 | www.octaviafoundation.org.uk | U-Bahn: South Kensington | South Kensington*

TRAID **[123 D1]**

In den zehn Londoner TRAID-Läden („trade" und „aid", Handel und internationale Entwicklungshilfe also) fin-

CLEVER!

> *Hier gibt's alles gratis: Freecycle*

Ganz umsonst wird's bei Online-Plattformen wie *www.freecycle.org,* wo Londoner ihre nicht mehr gewünschten Artikel auflisten und Interessenten sie nur abholen müssen. Das kann Kleidung sein, eine alte Tür, ein klappriger Stuhl, Computerteile oder ein reparaturbedürftiges Fahrrad. Recyclen statt wegwerfen – eine Community von Gleichgesinnten hält Dinge, die andere noch gebrauchen können, aus den Mülldeponien fern. Das Beste: Mitglieder können auch selbst Wünsche ins Netz stellen. Drei Dutzend Gruppen sind in London gelistet. Mehr Infos unter *www.freecyle.org/browse/UK/London*

den Sie recycelte Kleidung, Vintage- und Designermode, Schuhe und Accessoires, die in den Altkleidercontainern der Stadt abgelegt wurden, für eine Handvoll Pfund. Ein Besuch des TRAID-Ladens von Camden lohnt sich vielleicht am meisten, denn hier gibt es auch das „TRAIDremade"-Label, ökologisch- und sozialverträgliche Mode aus alten Textilien, umgemodelt und wieder schick gemacht – das Ganze nennt sich „Upcycling". *Mo–Sa 11–19, So 11–17 Uhr | 154 Camden High Street | Tel. 74 85 52 53 | www.traid.org.uk und www.traidremade.com | U-Bahn: Camden Town | Camden*

SHOPPING-STRASSEN

GREEN STREET [131 E2]

Ein authentisches Schaufenster der asiatischen Kulturen und dazu auch noch supergünstig ist die Green Street in East London. Bei Poshak Mahal *(11–13 Carlton Terrace | Tel. 84 46 82 83 10)* etwa gibt es Schals, traditionelle Salwar-kameez-Gewänder und Pashminas in vielen Farben und Formen. Z. B. mit simplem Design oder mit Perlen und Strass besetzt (ab £ 6). Hinter der Hausnummer 296–298 bietet Bees *(www.shopbees.com | Tel. 84 70 06 00)* den passenden Modeschmuck dazu, angeblich klirrt hier die größte Auswahl an asiatischen Armreifen Europas! Am anderen Ende der Straße lockt die Chiffons-Boutique *(Nr. 121 | Tel. 85 52 77 19)* mit Ost-West-Modemix für schickere Gelegenheiten, und ein paar Haustüren weiter finden Sie im The Button Shop *(Nr. 87 | Tel. 85 52 57 27)* eine Schatzgrube voller Knöpfe, Bordüren, Pailletten, Bänder, Spitze und Troddeln. *U-Bahn: Upton Park, Bahn: Forest Gate | Newham*

PICCADILLY CIRCUS/ REGENT STREET

Der riesige Piccadilly-Emporium-Souvenirshop am Piccadilly Circus hat bis spät abends geöffnet. Gegenüber ist ein großer Boots-Drogerieladen, der genauso lange geöffnet hat und neben einer Mitternachts-Apotheke eine ganz schöne Bandbreite an Miniatur-Kosmetika bietet. Um die Ecke geht es in die architektonisch wunderschöne Regent Street, die inzwischen eine Meile der Flagship-Stores bekannter Marken geworden ist. Viele Schnäppchen sind hier nicht zu machen, aber es lohnt ein Abstecher in die Heddon Street an der

Black Rose

Westseite, wo eine Reihe Restaurants mittags günstige Gerichte anbieten. Außerdem gibt es in den zahlreichen Caféketten der Regent Street Gratis-WLAN (u.a. Caffè Nero) – hier Bonuskarte mitnehmen nicht vergessen: Fast alle Coffee Shops in London geben einen aus, wenn man beispielsweise neun Heißgetränke gekauft hat. Bei einem längeren Aufenthalt oder mit der gesamten Familie sollte man die schnell zusammen haben.

STRASSENMÄRKTE

KLASSIKER

Sparfüchse sollten sich von den Klassiker-Märkten wie Portobello *(www.portobellomarket.org)* und Camden Market *(www.camdenlock.net,* Wahnsinnsgedränge an Wochenenden) sowie den Trendsettern Spitalfields *(www.spitalfields.co.uk)* und Broadway Market *(www.broadwaymarket.co.uk)* nicht allzu viel versprechen: Manches hier ist originell und witzig, aber Broadway ist nicht billig, und Camden hat neben praktischen hippen Gummistiefeln für £20 sowie Gothic- und Punk-Accessoires viel überteuerten Nepp und New-Age-Tand. Unter der Woche geben die Camden-Verkäufer allerdings eher mal einen Rabatt, und die hohe Konkurrenz führt zu einem großen Angebot an günstigem Streetfood, Massagen, Smoothies, Weizengrascocktails und vielem anderen. *Alle Märkte sind auf der Website www.streetsensation.co.uk zu finden.*

SCHNÄPPCHEN-MÄRKTE

Beim trendigen Gourmet-Markt Borough Market um London Bridge *(www.boroughmarket.org.uk)* können Sie kurz vor Schluss gegen 17 Uhr Schnäppchen machen; aber auch tagsüber wird man für £5 satt. Toll fürs „people watching" ist der Columbia Road Flower Market *(www.columbiaroad.info)* sonntagmorgens: Dieser Blumen- und Pflanzenmarkt verläuft entlang einer Straße mit kleinen Läden und Cafés. Günstige Angebote und Spielraum zum Runterhandeln gibt's auf Straßenmärkten in eher einfachen Gegenden wie der westafrikanisch-türkisch-osteuropäisch geprägten Ridley Road in Hackney *(www.ridleyroad.co.uk | tgl., freitags um 15 Uhr für Schnäppchen)* oder auf dem Queen's Market in der Green Street *(S. 71)*, einer Schatzgrube für Pashminas, Haar-Accessoires und Weltmusik-CDs.

Insider Tipp

Bild: Window Shopping, Camden Market – Wie wär's mit Retro-Look?

BICESTER VILLAGE [144 A1]

Bicester (spricht sich Bister) Village ist ein künstliches Dorf mit Factory-Outlet-Stores großer Marken von Armani und Aquascutum bis Timberland, Ugg u. v. m. Ein bisschen raus aus London müssen Sie allerdings schon (Bicester liegt in Oxfordshire), um in den Genuss der Rabatte zu kommen, aber bei diesen Discounts lohnt sich der Trip auf jeden Fall. Entweder nehmen Sie den Zug ab Marylebone Station nahe der U-Bahn Baker Street *(www.chilternrailways.co.uk, dann Gratis-Shuttlebus)* oder den Shopping-Express-Bus, der von vielen Londoner Hotels zweimal pro Tag abfährt; das Fahrgeld (£ 28 pro Erwachsener) sollten Profi-Shopper schnell wieder drin haben. ADAC-Mitglieder erhalten in manchen Geschäften zusätzlichen Rabatt! *Mo–Fr 9–19, Sa 9–20, So 10–19 Uhr (manche Läden öffnen später) | 50 Pingle Drive, Bicester, Oxfordshire | Tel. (0)1869 366266 | www.bicestervillage.com*

BURBERRY FACTORY OUTLET [O]

Der Strom japanischer Shopper mit weißen Plastiktüten weist Ihnen den Weg zum Fabrik-Outlet von Burberry, wo die Kollektion der Luxusbekleidung vom Vorjahr zu etwa einem Drittel reduziert angeboten wird. Alles ist hier fein ausgelegt, und das Angebot stimmt, auch in den unteren Preisregionen um £ 25. Wie wär's etwa mit schwarz-weiß karierten Cashmere-Ohrenmuffs oder mit einem schicken Burberry-Schirm? Alle zwei Tage wird neue Ware angeliefert. *Mo–Sa 10–18, So 11–17 Uhr | 29–31 Chatham Place | Tel. 83284287 | Zug: Hackney Central (Overground, Ihre Oystercard gilt) | Hackney*

HACKNEY WALK [O]

Willkommen im Paradies für Fashionistas! Die Ansammlung von Design-Outlets im hippen Hackney in Ostlondon macht Bicester Village Konkurrenz. Neben Luxusmarken wie Machesfashion.com und Pringle of Scotland, sind hier auch Nike, Present und Anya Hindmarch vertreten. Bis zu 70 Prozent Rabatt beruhigen beim Kaufrausch das Gewissen. Da kann man einfach nicht widerstehen. Wer schlapp macht, stärkt sich in

LUXUS LOW BUDGET

Bars und Restaurants. *Mo–Sa 10–18, So 11–17 Uhr | Hackney Walk, Morning Lane | Tel. 85 33 45 39 | www.hackneywalk.com | Zug: Hackney Central | Hackney*

PAUL SMITH SALE SHOP **[131 D3]**
Das Prinzip des Sale-Shops dieses britischen Klassikers im noblen Mayfair ist das gleiche wie bei Burberry: Die edlen Vorjahreskollektionen sind zu etwa einem Drittel reduziert, in der Einkaufstüte landet zeitloser Schick bei feinen Krawatten, Socken und Schals für wenig Geld (ab ca. £ 10). Das Ambiente der beiden kompakten Räume auf zwei Stockwerken ist gepflegt, oben hängen coole Plattencover. *Mo–Mi, Fr und Sa 10.30–18.30, Do bis 19, So 12–18 Uhr | Avery Row | Tel. 74 93 12 87 | www.paulsmith.co.uk | U-Bahn: Bond Street | Mayfair*

Schicke Schirme, feine Trenchcoats: Burberry Factory Outlet

> Gute Nachricht für Partygänger: Im heißen Londoner Nachtleben drückt wachsende Konkurrenz die Preise

London spart auch beim Ausgehen – wenn man weiß wie: Die Happy Hour mit „2-4-1"-Angeboten (zwei Cocktails für den Preis von einem) kommt immer mehr in Mode. Außerdem unterbieten sich Pubketten oft mit Getränkepreisen – JD Wetherspoon etwa hat ständig zig Sonderangebote. Halten Sie die Augen auf nach Flyern für Gigs und Clubs, z. B. auf der Hauptstraße von Camden. Es lohnt sich zudem, auf den Websites der Clubs zu checken, ob man sich per E-Mail auf die Gästeliste setzen lassen kann. Zeit ist ja auch Geld … Wer fertig mit dem Feiern ist, kommt mit der Night Tube nach Hause. Die Linien Victoria, Jubilee und weite Strecken der Central, Northern und Piccadilly Line fahren die ganze Nacht durch. Wer dafür zu faul oder zu betrunken ist, teilt sich mit Freunden ein Taxi des Anbieters Uber – das ist immer noch um ein Vielfaches günstiger, als ein Black Cab. Darüber hinaus fahren auch Nachtbusse. Und Züge des Overgrounds verbinden Stationen im Norden und Süden der Stadt *(www.tfl.gov.uk)*. Der beste Tipp, sollten Sie in den wärmeren Monaten hier sein: einfach ein Mietrad nehmen! In Londoner Bars, Pubs und Clubs darf übrigens auch schon lange nicht mehr geraucht werden.

NACHT LEBEN

COCKTAIL-BARS

Insider Tipp

AMUSE-BOUCHE [O]

Die Antwort des Theatermanns und Salonlöwen Noël Coward auf die Frage, warum er Champagner zum Frühstück trinke, war: „Doesn't everyone?" – macht das nicht jeder? Tatsächlich sind Champagner-Bars Big Business in London, doch normalerweise ist man unter 10 £ nicht dabei. Moderate Preise bietet hingegen dieses Lokal in Fulham. Der günstigste Schampus kostet hier £8.20 (Flasche £39). Rund ein Drittel der Schaumweine ist auch glasweise zu haben. Das Ambiente: Holztische und Ledersofas, Kerzen, lustige Champagner-Zitate an der Wand, sehr nettes Personal. Am Wochenende sollte man reservieren. *Haus-Schampus £8.20 | Mo–Do 16–0, Fr 16–0.30, Sa 12–0.30, So 12–22.30 Uhr | 51 Parsons Green | Tel. 020 38 13 32 23 | www.amusebouchelondon.com | U-Bahn: Parsons Green | Fulham, südwestl. von Chelsea*

FIFTY FIVE BAR [132 D1]

Insider Tipp

Die tägliche Happy Hour zwischen 17 und 20 Uhr macht diese freundliche Cocktailbar in Camden zu einem guten Spartipp ohne Attitüde und mit typischen Camden-Indie-Rock-sounds. Hier kosten zwei Cocktails dann nur £10. Der Raum ist nicht sehr groß, aber im Sommer kann man draußen sitzen. Sonntags läuft die „2-4-1"-Promotion für alle 200 Cocktails – den ganzen Abend lang ab 18 Uhr. *Happy-Hour-*

Cocktails £5 | Mo–Fr 17–0.30, Sa und So 12–0.30 Uhr | 31 Jamestown Road | Tel. 74 24 90 54 | www.fifty fivebar.co.uk | U-Bahn: Camden Town | Camden

THE ROXY CLUB **[131 F2]**

Diese stylische Bar in der Nähe der Tottenham Court Road bietet an jedem Öffnungstag eine lange Happy Hour – wochentags dauert sie von 17 bis 20.30 Uhr, sonnabends von 18.30 bis 22.30 Uhr. Dann gibt es Cocktail-Pitcher zum halben Preis (£9), Weinflaschen ebenfalls und auch Flaschenbier. Jeden Tag werden unterschiedliche Musikrichtungen gespielt, wer bei Partys auf die Gästeliste will, sollte sich auf der Homepage eintragen. *Happy-Hour-Cocktail-Pitcher £8 | Mo–Do 17–3, Fr bis 3.30, Sa 18.30–3.30 Uhr | 3 Rathbone Place | Tel. 72 55 10 98 | U-Bahn: Tottenham Court Road | Central*

MUSIKBARS UND CLUBS

AIN'T NOTHIN BUT **[131 E3]**

Diese authentische, winzige Bar nahe der Carnaby Street hinter dem Ham-

Mit Cocktailbar, Tanzfläche und freiem Eintritt: Big Chill House

leys-Spielzeugemporium präsentiert jeden Abend live Blues, Jazz und Chillsounds – und meistens bei freiem Eintritt! Zwischen Sonntag und Donnerstag kostet der Eintritt nichts, freitags und samstags müssen Sie für den freien Eintritt schon vor 20.30 Uhr da sein; dann können aber auch bei der Open-Mic-Night am Samstag mal prominente Sänger auftauchen. *Eintritt frei außer Fr und Sa ab 20.30 Uhr | Mo–Do 17–1, Fr 17–3, Sa 15–2.30, So 15–2.30 Uhr | 20 Kingly Street | Tel. 72 87 05 14 | www.aintnothinbut.co.uk | U-Bahn: Oxford Circus | Soho*

BIG CHILL HOUSE **[124 E3]**

Gute Chillout-Musik bildet den Soundtrack zu dieser informellen Location mit Cocktailbar und Tanzfläche (plus vegetarischen Leckereien wie Halloumi-Fries). Die Drinks, die hier über die Bar wandern, sind weitaus spannender als Gin&Tonic. Und Freitag und Samstag legen DJs House und Funk-Breaks auf, der Eintritt ist frei, es darf getanzt werden. Im Sommer geht's auf die Dachterrasse. Weitere Filiale an der Brick Lane: Big Chill Bar. *Eintritt frei | So–Mi 11–0, Do 11–1, Fr und Sa 11–3 Uhr | 257–259 Pentonville Road | Tel. 74 27 25 40 | www.bigchillbar.com | U-Bahn: King's Cross St Pancras | King's Cross*

THE BLUES KITCHEN **[123 D2]**

Die lockere Late-Night-Blues-Bar in Camden bietet an jedem Tag der Woche ein Livekonzert mit Blues und Bluegrass-Sounds. Der Eintritt ist entweder den ganzen Abend frei, oder man kommt zumindest bis 21 Uhr kostenlos rein. Sonntags ab 20.30 Uhr ist Jamsession: Jeder kann mit seinem Instrument die Blues-Kitchen-Band unterstützen. Jeden Mittwoch gibt es „2-4-1"-Drinks kosten dann nur die Hälfte. Das gebotene Soulfood – Burger mit allem Drum und Dran, Chilli (£ 9–14) und Mississippi Pies – sprengt auch nicht die Bank. Ansonsten einfach den Abend über an einem Cocktail (£ 9.50) festhalten. Unter 18-Jährige sind zwar willkommen, allerdings nur bis 19 Uhr. *Eintritt meist frei | Mo–Di 12–0, Mi–Do 12–1, Fr 12–2.30, Sa 10–3, So 10–1 Uhr | 111–113 Camden High Street | Tel. 73 87 52 77 | www.theblueskitchen.com | U-Bahn: Camden Town | Camden*

CORSICA STUDIOS [141 E3]

Viele der angesagten Clubs in der Metropole – z. B. Läden wie Fabric oder The Printworks – bespielen riesige, alte Industriegebäude. Nicht so Corsica Studios. Der kleine Elektro-Club wohnt in zwei Bahnbögen hinter dem Shopping Centre bei Elephant and Castle – und ist nicht gewinnorientiert. Entsprechend reißen die Preise keine gigantischen Löcher in die Reisekasse. Tickets kosten zwischen £5 und £18. Bier gibt's schon für knapp unter £4. *Wechselnde Öffnungszeiten | 4–5 Elephant Road | Tel. 77 03 47 60 | www.corsicastudios.com | U-Bahn: Elephand and Castle | Southwark*

Insider Tipp

NOTTING HILL ARTS CLUB [128 C4]

Im relaxten Notting Hill Arts Club finden Musikfans vor allem Donnerstag bis Sonntag kostengünstige Konzerte und Club Nights mit internationalem Flair. Das Programm reicht von HipHop bis Indie-Rock. Wer früh aufschlägt, kommt manchmal auch gratis rein. Ansonsten gilt: Je später der Abend, desto teurer der Eintritt. Wer Tickets online kauft, kommt außerdem günstiger weg, als vor Ort. *Eintritt frei bis ca. £10 | wechselnde Öffnungszeiten | 21 Notting Hill Gate | Tel. 74 60 44 59 | www.nottinghillartsclub.com | U-Bahn: Notting Hill Gate | Notting Hill*

ROUGH TRADE EAST [126 C5]

Der East-End-Ableger des originalen Notting-Hill-Plattenladens eignet sich tagsüber hervorragend zum kostenfreien Reinhören in die neuesten Alben an diversen „Listening Posts", ohne Gedränge. Der Laden stellt aber auch regelmäßig neue Indie-Bands oder neue Werke bekannter Acts wie Roots Manuva vor, ohne Eintritt zu nehmen; auf der Webseite nach „In-Store Gigs" schauen. Das Ganze läuft meist über Armbänder (Wrist Bands) – wer am Konzerttag das Album kauft, bekommt automatisch eins, ansonsten werden sie eine Stunde vor Konzertbeginn ausgehändigt; wer zuerst kommt, darf mithören. *Mo–Do 9–21, Fr 9–20, Sa 10–20, So 11–19 Uhr | Old Truman Brewery, 91 Brick Lane | Tel. 73 92 77 88 | www.roughtrade.com | U-Bahn: Liverpool Street | East End/Brick Lane*

THE SOCIAL [131 E2]

Diese beliebte, geschmackvolle Musikbar lockt im West End mit angesagten DJs und neuen Bands. Viele Partys und manche der Livemusik-Nächte sind kostenfrei. Jeden Freitagabend kann man beispielsweise gratis ins Wochenende tanzen. Bei der Partyreihe Vesuvio läuft auf zwei Floors HipHop, Funk, House, Garage und Soul. Fragen Sie an der Bar nach „Free Tokens" für die gut bestückte Musikbox, in der sich manch Ohrwurm versteckt. Feiern macht hungrig, da freut man sich über die Sandwiches, die hier serviert werden. *Eintritt frei bis £10 | Mo–Mi 15–0, Di 15–1, Fr 12.30–1, Sa 18–1 Uhr | 5 Little Portland Street | Tel. 76364992 | www.thesocial.com | U-Bahn: Oxford Circus | Fitzrovia*

Insider Tipp

SPIRITLAND [124 A2]

Auf den ersten Blick, sieht der Laden aus wie eine gewöhnliche – wenn auch sehr gelungene – Cocktailbar. Es handelt sich jedoch um einen Listening Club. Die Musikanlage hier gehört zu den besten der Stadt. Und so kommt man für den Preis eines Drinks (ab £4.50) in den Genuss eines £500000 teuren, maßgeschneiderten Soundsystems. Purer Luxus für die Ohren! Aufgelegt wird von Gast-DJs. Wer genau aufpasst, merkt: Auch im Bargewusel hört man jeden einzelnen Ton. Aber Achtung: Getanzt wird hier nie. Reden ist allerdings erlaubt, anders als bei den Classic Album Sundays im Brilliant Corners – einem Listening Club in Ostlondon. *Tgl. 8–1.30 Uhr | 9–10 Stable Street | Tel. 33190050 | www.spiritland.com | U-Bahn: King's Cross | Camden*

Insider Tipp

UPSTAIRS AT THE RITZY [0]

Das Ritzy im quirligen Bezirk Brixton in Südlondon ist ein sehr beliebtes Kino und die Bar im ersten Stock seit vielen Jahren eine Institution der Musikszene, geprägt auch durch die karibischen und afrikanischen Einwanderer. An sieben Abenden der Woche werden in dem kleinen Club, meistens kostenfrei, Livekonzerte gegeben oder DJ-Partys mit den multikulturellen Sounds von Reggae, Afro-Beat, World-Jazz, Folk, Blues und Balkan veranstaltet. *Brixton Oval | Coldharbour Lane | Tel. (0)871 9025739 | www.picturehouses.co.uk/cinema/ritzy_picturehouse/upstairs | U-Bahn: Brixton | Brixton*

PUBS

Insider Tipp THE BEDFORD [144 C3]

In diesem ausgedehnten Eck-Pub im Südlondoner Stadtviertel Balham läuft an den meisten Abenden irgendeine günstige Aktion. Montags ist Quizabend, für nur £ 1 pro Nase können Sie Ihr eigenes Team aufstellen, das Ganze startet um 21 Uhr. Livemusik gibt's von Montag bis Donnerstag. Das Bedford ist zudem berühmt für hochkarätige Comedy. Wer nicht die £ 14–15 für das Banana Cabaret am Wochenende ausgeben möchte: Jeden Mittwoch um 21 Uhr präsentieren sich im Obergeschoss aufstrebende Comedy-Acts für £ 3–5, während alte Hasen neues Material ausprobieren. *Veranstaltungen gratis bis £ 15 | Mo–Do 12–0, Fr und Sa 12–2, So 12–22.30 Uhr | 77 Bedford Hill | Tel. 86 82 89 40 | www.thebedford.co.uk | U-Bahn: Balham | Balham*

HAMILTON HALL [134 A1]

Was für ein Raum! Dieser Pub ist im Ballsaal des früheren Great Eastern Hotels an der Liverpool Street Station untergebracht – entsprechend prachtvoll gibt er sich mit Stuck, Goldverzierungen, Spiegeln und einer verschwenderisch hohen Decke. Kaum zu glauben, dass dies streng genommen die Bahnhofskneipe ist. Das Beste: Es gibt nicht nur jeden Tag zig Sonderangebote was Getränke und Speisen angeht; die gesamte Karte ist durchweg für den kleinen Geldbeutel geschaffen. Ach-

CLEVER!

> Online gratis buchen

Eventbrite ist eine Art Online-Ticket-Selbstbedienungsladen für Album-Chartshows in Clubs, Livekonzerte und Comedy, viele davon sind gratis. Sie müssen sich noch nicht mal registrieren, sondern geben einfach Ihre E-Mail-Adresse an und bekommen die Tickets als PDF-Dokument zugemailt. Unter dem Link *www.eventbrite.co.uk/d/united-kingdom--london/events/* gibt es eine Liste von Gratis- und Musikevents. Praktisch: Per Kartenfunktion kann man sich anschauen, was gerade in der näheren Umgebung stattfindet.

Insider Tipp ten Sie vor allem auf wöchentliche Sonderaktionen, bei denen es ein Hauptgericht und ein Getränk zum Preis von rund £7 gibt. Dieser riesige Pub ist benannt nach Lord Claud Hamilton, dem einstigen Vorsitzenden der Great Eastern Railway Company, die den Bahnhof Liverpool Street baute. Es gibt gratis WLAN und einen Seitenbereich mit ruhigen Plätzen und Steckdosen für Laptops. *Mo–Sa 7–23.30, So 9–22.30 Uhr | Liverpool Street Station | Tel. 72 47 35 79 | U-Bahn: Liverpool Street | City*

HEN AND CHICKENS PUBTHEATRE [0]

In dieser so freundlichen wie günstigen viktorianischen Theater- und Standup-Comedy-Bar spüren Sie den Herzschlag der aktuellen Londoner Theaterszene und schlagen zwei Fliegen mit einer Klappe: Show- und Pub-Besuch. Auf der winzigen Bühne werden zeitgenössische Theaterstücke und Comedy-Acts präsentiert, Eintrittspreise beginnen bei sozialen £3, und Spätentscheider können eine halbe Stunde vor Beginn übrig gebliebene Tickets günstiger erstehen (nur cash). An der Bar gibt es ein Dutzend frisch gezapfter Biersorten, im Winter Glühwein und Grog. *Eintritt ab £3 | Mo–Do 16–0, Fr 16–1.30, Sa 12–1.30, So 12–0 Uhr | 109 St Paul's Road | Tel. 73 54 82 46 (Pub) | www.thehenandchickenstheatrebar.co.uk | U-Bahn: Highbury & Islington | Islington*

HOOP AND GRAPES [134 B2]

In diesem traditionellen Pub zwischen modernen Hausfassaden bewegen sich die Preise für Ale (britisches Dunkelbier, traditionell bei Kellertemperatur getrunken) unter dem Durchschnitt und es gibt immer mal wieder Rabatt-Aktionen sowie Ale-Tasting-Proben (£1 für ein Drittel-Pint). Eine gemischte Klientel von City-Gents, Studenten und Kreativen besetzt wochentags die mit Leder ausgeschlagenen Separees und probiert sich durch die Ale-Sorten, vielleicht aus Cornwall, Yorkshire oder East Anglia. *Hauptspeisen starten unter £10, Pint Ale ab ca. £3 | Mo–Sa 11–23.30 Uhr | 47 Aldgate High Street | Tel. 74 81 45 83 | www.nicholsonspubs.co.uk/thehoopandgrapesaldgatelondon/ | U-Bahn: Aldgate, Aldgate East | City*

THE MOON UNDER WATER [131 F4]
Wetherspoons ist als billigste Pubkette des Landes legendär. In dieser superzentralen, wenn auch von außen nicht so ansprechenden Filiale verbindet sich ein günstiges Pint mit preiswertem Essen. Leider heißt es oft anstehen, aber für das teure West End sind die Tarife unschlagbar: Sie essen mit einem Pint Bier für weniger als 10 £. *Pint ca. £3.20 | So–Do 8–23, Fr und Sa 8–0 Uhr | 28 Leicester Square | Tel. 78392837 | www.jdwetherspoon.co.uk | Soho*

RED LION [131 E4]
„Rote Löwen"-Pubs gibt's einige in London, aber hier sind die Preise ein Schnäppchen, besonders in Anbetracht der erstaunlichen Qualität der Speisen, des schönen Dekors und der Lage – mitten im schicken St James, in einer Seitenstraße der Hemdenschneider-Meile Jermyn Street. Hauptspeisen kosten nur £10–14. Es gibt zudem wechselnde Rabatt-Aktionen. Extra-Pommes zum Sandwich kosten nur £1.50. Das Ambiente in diesem kleinen, aber feinen viktorianischen Gin-Palast ist nett, die Klientel angenehm gemischt. *Pint Ale ca. £3.50 | Mo–Sa 11.30–23 Uhr | 2 Duke of York Street | Tel. 73210782 | www.redlionmayfair.co.uk | U-Bahn: Piccadilly Circus | Mayfair*

TRINITY ARMS [0]
Insider Tipp
Ein Bier am Lagerfeuer: So sehen gelungene Winterabende in Brixton aus. Der Garten des Trinity Arms mit Feuerstelle macht aber auch im Sommer einiges her. Wer in Brixton aus der U-Bahn steigt und vor dem Tornado aus Livemusik, Grillwürstchen und Nachtschwärmern flüchten will, findet im Hof des Pubs eine Oase der Ruhe. Darf's lauter werden, sind die Konzerte in der Brixton Academy oder Electric Brixton nicht weit. Besserwisser können jeden Dienstag beim Pub-Quiz einen £-25-Gutschein für die Bar gewinnen. *Gerichte ab £7 | Mo–Do 11–23, Fr 11–0, Sa 12–0, So 12–23 Uhr | 45 Trinity Gardens | Tel. 72744544 | www.trinityarms.co.uk | U-Bahn: Brixton | Brixton, südl. von Kennington*

RUND UM DIE UHR

BEIGEL BAKERY [126 C4]
Dieser Bagel-Takeaway ist einer der wenigen Überbleibsel des alten jüdischen East End. Heute besteht die Klientel für die spottbilligen, frisch

Bild: Bietet eine gute Grundlage für die lange Nacht – The Moon Under Water gebackenen Heferinge mit Cream Cheese, Lachs oder Salzbeef aus Einheimischen und Late-Night-Clubbern, die hier um 4 Uhr einen leckeren Snack vernaschen. *Bagel ab 70 Pence | rund um die Uhr geöffnet | 159 Brick Lane | Tel. 77290616 | U-Bahn: Old Street, Liverpool Street | Spitalfields*

ROYAL DRAGON **[131 F3]**

Dieses chinesische Restaurant in Chinatown ist bis 3 Uhr morgens geöffnet und bietet eher umfangreiches Essen. Besonders köstlich sind die Dim Sum, die gedämpften Teigtaschen, die es ab £2.50 gibt. Achten Sie auf die Angebote, die immer wieder wechselnde asiatische Spezialitäten zum Sonderpreis beinhalten. *Tgl. 12–3 Uhr | 30 Gerrard Street | Tel. 77341388 | www.rdklondon.co.uk | U-Bahn: Leicester Square | Covent Garden*

TANZSTUNDEN

SALSAGOLD **[125 F4]**

Sie wollten immer schon mal einen Salsa aufs Parkett legen? Montags lädt der Veranstalter Salsagold Anfänger in den William Blake Pub. Für schlappe £7 pro Kurs lernt man hier den richtigen Hüftschwung. Freitags und samstags finden die Kurse an einer anderen Location statt. *Kurse £7 | Mo 19–20 Uhr | William Blake*

CLEVER!

> *Webseiten für schlaue Sparer*

Eine hervorragende Quelle für Events, die entweder gratis oder sehr günstig sind, ist *www.freelondonevents.co.uk.* Eine weitere nützliche Website ist auch *www.whatsfreeinlondon.co.uk*, auf der es nicht nur um Konzerte und dergleichen geht, sondern aus allen Bereichen (Märkte, Touren, Kirchen) Gratisangebote aufgezeigt werden. Das Voucher-System funktioniert übrigens auch beim Nightlife, d.h. ein Besuch guter Voucher-Homepages wie *www.vouchercodes.com* lohnt sich auch für reduzierte Pub-Drinks und Champagner-Tapas; meist angeboten von Pubketten wie Slug & Lettuce oder All Bar One.

Pub | 174–180 Old Street | Tel. 07903 36 37 73 | www.salsagold.co.uk | U-Bahn: Barbican | Islington

SWING PATROL **[0]**

„It Don't Mean a Thing (If It Ain't Got That Swing)." Wer das so unterschreiben würde, sollte Bekanntschaft mit der Swing Patrol machen. Die Gruppe bringt Tanzwütigen in ganz London Lindy Hop, aber auch Charleston und Balboa bei. Jeden Dienstag gibt es in Brixton einen Kurs für Anfänger. Buchen braucht man nicht. Einfach auftauchen reicht. Ein Kurst kostet £ 10. Aber Ausdauer wird belohnt: Wer zwei Kurse am selben Abend macht, bezahlt für den zweiten nur noch £ 5. *Di 19 Uhr (Anfänger), 20.15 Uhr (fortgeschrittene Anfänger), 21.25 Uhr (Fortgeschrittene) | The Dogstar | 389 Coldharbour Lane | Tel. 31 51 17 50 | www.swingpatrol.co.uk | U-Bahn: Brixton | Brixton, südl. von Kennington*

UND AUSSERDEM ...

FOLK SOCIETY **[122 C1]**

Es muss ja nicht immer House, Dub oder Techno sein: Die Gesellschaft für englische Folk- und Tanzmusik bietet Ceileigh-Tanzabende, Workshops und Konzerte an, bei denen Sie das Tanzbein schwingen bzw. die Szene kennenlernen können – kosten tut das Ganze nur wenige Pfund. *Eintritt ab £ 5 | Cecil Sharp House, 2 Regent's Park Road | Tel. 74 85 22 06 | www.efdss.org | U-Bahn: Camden Town | Camden*

NIGHTLIFE-TOUR **[132 A2]** Insider Tipp

Sie wollen Londons Nachtleben erkunden, ohne viel Geld ausgeben, stundenlang in der Kälte anstehen oder Türsteher überwinden zu müssen? Beim dreistündigen „London Pub Crawl" erhalten Sie zum günstigen Tarif einen prima Überblick über Bars, Clubs und traditionelle Pubs der Metropole und müssen nichts selber planen. Die Tour führt in fünf verschiedene Lokale in denen die Teilnehmer sich zuprosten können – zum Superpreis natürlich! Noch besser wird's für Geburtstagskinder. Die dürfen kostenlos auf ihr Wiegenfest anstoßen. Unbedingt Ausweis mitbringen! *£ 10 | Do, Fr und Sa 19.30 Uhr | Treffpunkt im Brewmaster Pub | 37 Cranbourn Street | Tel. +49 30 510 50 00 30 | www.neweuropetours.eu | U-Bahn: Leicester Square | Soho*

> London bietet alles, von günstigen Kapselhotels bis zur Wohnbörse – so kommen Sie preiswert zur Ruhe

Studentenwohnheime, Hotelketten, Apartments für Selbstversorger, coole Hostels – Low-Budget-Reisenden stehen in London viele Möglichkeiten offen. Der wichtigste Tipp: früh buchen, die preiswertesten Optionen sind schnell vergeben – und günstiger wird es nie, eine Grundregel für London. Außerdem müssen Sie ein paar Grundentscheidungen treffen. Was ist wichtiger, Komfort oder Anbindung an die U-Bahn? Brauchen Sie Platz, brauchen Sie jeden Tag ein Frühstücksbuffet? Gut für Reisende: Unter den britischen Budgethotels tobt ein Preiskampf. Schauen Sie auf *www.travelodge.co.uk*, *www.premierinn.com* oder *www.ibis.com* – Ketten wie diese haben insgesamt knapp 100 günstige Hotels im Raum London. Eine Möglichkeit, an die man vielleicht nicht gleich denkt, ist Camping, auf einigen Plätzen gibt es beispielsweise komfortable „Cocoons“, kleine günstige Wohnkabinen. Besonders eigen sind die stylisch designten Yotel-Kapselhotels an den Flughäfen Heathrow und Gatwick, deren Zimmer auch stundenweise zu mieten sind. Und: In den Semesterferien werden Londons Studenten aus ihren Wohnheimen herauskomplimentiert, damit die Unis die Zimmer an Reisende vermieten können!

SCHLAFEN

BED & BREAKFAST

Bed & Breakfast ist in England eine traditionelle Übernachtungsmöglichkeit: Privatpersonen vermieten Zimmer in ihrem Haus. Am Morgen gibt es ein üppiges Frühstück, dann sollte man das Haus aber verlassen, um den Vermietern etwas Privatsphäre zu gönnen. Die Qualität schwankt, die Preise auch – doch ab £40 pro Person übernachtet man oft günstiger als im Hotel.

THE ARLINGTON AVENUE [125 F2]

Dieses B&B ist in einem georgianischen Haus in Islington untergebracht, nördlich der City of London, und verfügt über ein Doppel- und ein Einzelzimmer. Wer nicht ganz untrainiert ist, kann den Weg in die Innenstadt von hier zu Fuß bewältigen – und hat es wesentlich ruhiger als in anderen Teilen der Stadt. Das Doppelzimmer kostet £50, das Einzelzimmer £40 – Frühstück und ein nettes Gespräch mit den Vermietern inklusive. *Zimmer ab £40 | 26 Arlington Avenue | Tel. (0)77112651 83 | www.arlingtonavenue.co.uk | U-Bahn: Angel | Islington*

HAMPSTEAD VILLAGE GUESTHOUSE [144 C2]

Dieses viktorianische Guesthouse ist einen Katzensprung vom Hampstead Heath gelegen und per Piccadilly Line nur 20 Minuten von der Innenstadt entfernt. Familien oder Gruppen wohnen günstig im Gartenhaus mit eigener Küche (£200 für fünf Personen).

Solo-Traveller, die mit Gemeinschaftsbad klarkommen, sind schon mit £70 dabei. Auf Wunsch gibt's auch Frühstück (£10), im Sommer sogar im Garten. Die Nähe zur grünen Lunge Nordlondons mit Gratis-Aktivitäten wie Kenwood House ist klasse! *EZ ab £70, DZ ab £105, Garten-Studio ab £125 | 9 Wohneinheiten | 2 Kemplay Road | Tel. 74358679 | www.hampsteadguesthouse.com | U-Bahn: Hampstead | Hampstead*

TELEGRAPH HILL **[O]**

Hinter der viktorianischen Hausfront in einem Denkmalschutzgebiet mit viel Grün im Südosten Londons erwartet die Gäste ein nettes B&B. Luftige, helle Räume, ob im Selbstversorger-Appartement oder in der Gäste-Suite. *Zimmer ab £75 inkl. Frühstück |Jerningham Road | Tel. 76521890 |www.telegraphhillbandb.com | Overground: New Cross Gate Station | New Cross*

Das QBIC verspricht maximalen Komfort auf minimalem Raum

GÜNSTIGE HOTELS

HUB BY PREMIER INN [132 A3]

Mit seiner neuen Marke Hub will sich Englands Günstigkette Premier Inn noch einmal selbst unterbieten: Am Covent Garden steht das erste Hotel dieses Konzepts – weitere gibt‘s u. a. nahe der Tower Bridge und in Westminster. Gesetzt wird auf Eigeninitiative der Gäste: Alle elektronischen Bestandteile wie Licht, TV-Gerät und WLAN (gratis) können per Smartphone-App gesteuert werden. Die Zimmer sind hell, sauber, sehr modern, aber klein (11 m²). Man soll hier nicht wohnen, sondern übernachten. *DZ ab £58 | 167 Zi. | 110 St Martin's Lane | Tel. (0)333 3213104 | U-Bahn: Leicester Square, Charing Cross, Covent Garden | Covent Garden*

JESMOND HOTEL [123 F5]

Wer eine privatere Atmosphäre mag, ist in diesem familienbetriebenen Hotel mit nur 15 Zimmern genau richtig. Neun der sauberen Räume haben ein eigenes Bad mit Dusche, die Preise liegen zwischen £75 und £200. Die Zimmer mit Gemeinschaftsbad sind etwa £10 günstiger. Das Hotel liegt zentral, die West-End-Theater, Soho und Covent Garden sind in ein paar Minuten zu Fuß zu erreichen. Das Frühstück ist im Preis inbegriffen. *EZ ab £75, DZ ab £95, Dreibettzi. ab £140, Vierbettzi. ab £ 150 | 63 Gower Street | Tel. 76363199 | www.jesmondhotel.org.uk | U-Bahn: Goodge Street, Bloomsbury*

QBIC [134 C2]

Häuser wie dieses mischen derzeit die Hotelbranche weltweit auf. Die Zimmer sind durchdachte Module, die maximalen Komfort auf minimalem Raum und damit verträgliche Preise versprechen. Mit unglaublich komfortable Betten, Regenduschen, Flachbildschirm und Kaffee und Tee – und irrem Design – punkten die Räume des Qbic. Einige Zimmer haben keine Fenster. Dafür sind sie günstiger und schon ab rund £52 zu haben. Gespart wird auch am Personal. Einchecken muss man selbst und Getränke und Essen gibt's am Automaten. Wer Fragen hat, die die Automaten nicht beantworten können, findet aber auch menschliche Ansprechpartner. Ein einfaches Frühstück ist im Preis enthalten. Genauso wie Leihfahrräder, mit denen man sich in den Linksverkehr stürzen kann. *Smart Room (ohne Fenster) ab £52, Standard-DZ ab £65, großes DZ ab £74 | 42 Adler Street | Tel. 30 21 14 40 | www.qbic hotels.com | U-Bahn: Aldgate East | City*

STYLOTEL [129 F2]

Die Zimmer und Badezimmer mögen klein sein, aber dank des freundlichen Services und guter Lage neben Paddington Station – gut für Heathrow-Fluganreiser, Hyde-Park-Spaziergänger und Oxford-Street-Shopper – ist das Stylotel eine feine Wahl für kleine Budgets. Das moderne Dekor glänzt in Blau und Metall, Platz für Gepäck ist unterm Bett. Tee und Kaffee gibt's gratis in der Lobby. Internet kostet 2 £ pro Stunde. *EZ ab £55, DZ ab £60, Dreibettzi. ab £75, Vierbettzi. ab £119, Suite ab £89 | 48 Zi. | 160–162 Sussex Gardens | Tel. 77 23 10 26 | www.stylotel.com | U-Bahn: Paddington | Paddington*

YOTEL Insider Tipp

Sie haben Ihren Rückflug zu Sonnenaufgang oder brauchen eine Mütze Schlaf vor der ersten Erkundung der Stadt? Die stylisch designten Yotel-Kapselhotels an den Flughäfen Heathrow und Gatwick, jeweils zwei Fußminuten von der Ankunftshalle entfernt, bieten Komfort auf kleinem Raum und sind pro

CLEVER!

> Die Suchmaschine

Was Skyscanner für Flüge, ist Hundredrooms für Unterkünfte. Die Internetplattform bündelt die Angebote aller Anbieter – von Booking.com bis Wimdu – und lässt Nutzer auf *www.hundred rooms.co.uk* die Ergebnisse durchsuchen und vergleichen. Das spart Zeit und Geld. Hier finden sich Hotelzimmer ab knapp 100 Euro neben privat vermieteten Appartements für rund 120 Euro pro Nacht. Fotos der Besitzer geben einen ersten Eindruck der potentiellen Schlafstätte. Wer dann auf den gewünschten Eintrag klickt, wird auf die Website des jeweiligen Anbieters weitergeleitet.

Nacht oder auch nur für ein paar Stunden buchbar (ab £38). Sie haben die Wahl zwischen Premium (Doppelbett), Twin (Hochbetten) und Standard (ein großes Bett). Heathrow bietet auch Familienzimmer für bis zu vier Personen. Alle Kapseln haben ein eigenes Bad, Gratis-WLAN, Fernseher und 24-Stunden-Kabinenservice. Die Rezeption ist ebenfalls 24 Stunden besetzt. Sogar eine Handy-Ladestation gibt es. Nichts für Klaustrophobiker, aber eine günstige Option. *EZ für 4 Std. £38, Twin £52, Übernachtung ab £62 | Heathrow (Terminal 4)* **[144 C2]** *und Gatwick South Terminal* **[144 C4]** *| tgl. 24 Std. | Tel. 71 00 11 00 | www.yotel.com*

HOSTELS

CLINK HOSTELS [124 E3]

Im Style-Hostel Clink78 betten preisbewusste Traveller ihr Haupt nahe King's Cross in japanisch inspirierten Kapselbetten. In diesem „Vintage-Hostel", einem ehemaligen Gerichtsgebäude, kann man auch eine einstige Gefängniszelle als Quartier wählen! Es gibt eine Bar, Internet, Gratis-Stadtführungen und einen Minisafe im Schlafsaal. Wer es noch netter will, kann das etwas teurere Boutique-Hostel Clink261 ausprobieren, eine ehemalige Jugendherberge mit Kamin, Küche, Fernsehzimmer mit riesigem Plasmabildschirm und Internetraum. *Schlafsaalbett ab £16, DZ ab £65 | 719 Betten | 78 King's Cross Road | Tel. 71 83 94 00 | www.clinkhostel.com | U-Bahn: King's Cross St Pancras | King's Cross*

GENERATOR [124 A4]

Holz, Stahl, Backsteinwände: Das durchgestylte Haus nahe Russel Square zwischen British Library und Charles Dickens Museum ist eine Mischung aus Hostel und Boutique-Hotel. Die Kette verspricht Luxus zu erschwinglichen Preisen. Ein Zweibettzimmer ist ab £44 zu haben. Im Mehrbettzimmern schläft man schon ab £9. Wer Geselligkeit sucht, ist im Generator richtig. Im Lounge-Bar-Bereich legen regelmäßig DJs auf. Die Partys laufen hier auch mal bis 3 Uhr morgens. So lange ist in London kein Pub und kaum eine Bar geöffnet! *Schlafsaalbett ab £9, DZ ab £44 | 37 Tavistock Place | Tel. 73 88 76 66 | www.generatorhostels.com | U-Bahn: Russel Square | Camden*

KEYSTONE HOUSE [124 E3]

Dieses Hostel in einem viktorianischen Backstein-Eckhaus nahe King's Cross ist noch nicht alt, deshalb sieht alles noch so schön frisch aus. Insider Tipp Auf der Dachterrasse gibt es jeden Samstag um 18 Uhr einen Gratis-Willkommensdrink. Grillen geht dort auch. Die freundliche Rezeption und ein günstiges Internetcafé mit WLAN sind weitere Pluspunkte. Die sogenannten London-Underground-Räume im Keller haben keine Fenster und man hört entfernt die U-Bahn rumpeln. Der Name ist also Programm, das verschweigt das Hotel nicht. Einer der beiden 16-Betten-Schlafsäle ist nur für Frauen. Prima: Der Concierge sucht Ihnen den besten Deal für die Londoner Shows. *Schlafsaalbett ab £17, DZ ab ca. £47 | 100 Betten | 272–276 Pentonville Road | Tel. 78376444 | www.keystone-house.com | U-Bahn: King's Cross St Pancras | King's Cross*

MEININGER HYDE PARK [137 E3]

Das bereits in Deutschland erfolgreiche Meininger-Prinzip ist ein Hybrid aus Hotel und Hostel und bietet private wie geteilte Unterkunft – zu sozialen Preisen ab £12 für ein Schlafsaalbett und ab £60 fürs Einzelzimmer. Das Meininger Hyde Park mit knapp 50 Zimmern befindet sich in der Nähe des Triumvirats der South-Kensington-Museen. Angenehm sind die Blicke aus dem Frühstücksraum und von der Dachterrasse, die im Sommer zum Chillen und Tischtennisspielen genutzt werden kann. Die Betten ganz oben mit Bad auf dem Gang sind am günstigsten. *Schlafsaalbett ab £12, EZ ab £60, DZ ab £55 | ca. 220 Betten | Baden Powell House | 65–67 Queen's Gate | Tel. 33181407 | www.meininger-hotels.com | U-Bahn: Gloucester Road, South Kensington | South Kensington*

NHS SMART RUSSELL SQUARE [124 A5]

Und hier kommt die allergünstigste Option: Im großen Flaggschiff der Smart-Hostelkette gibt es Deals ab £9.99 für ein Bett im gemischten 24er-Schlafsaal! NHS steht für „National Health Service", das britische Gesundheitssystem, die Schilder sind noch da, und es kann etwas verwirrend zu finden sein: Einfach links raus aus der U-Bahn Russell Square, die erste links und dann wieder links. Ein Pfand von £10 (prinzipiell für die Bettwäsche) garantiert, dass die Gäste nicht den Checkout um 10 Uhr verpassen, rauchen oder lärmen. Haben Sie Ihr Handtuch vergessen, können Sie hier eins kaufen, für £5. Die Bettwäsche und das Frühstück sind inklusive bei diesem absoluten Low-Budget-Angebot. Einfach und wohl der beste Deal in der Stadt. *Schlafsaalbett ab £9.99 | 475 Betten | 70–72 Guilford Street |Tel. 78 33 88 18 | www.smart russellsquare-london.com | U-Bahn: Russell Square | Bloomsbury*

SAFESTAY **[141 E4]**

In einem Gebäude aus dem 19. Jh. ist dieses moderne Hostel untergebracht. Die Zimmer sind geräumig und gefallen mit frischem Design. Das Hostel befindet sich am südlichen Themse-Ufer, Bars, Cafés sowie die Museen der South Bank sind nicht weit entfernt, und man kann einen guten Blick auf Londons bekanntes Hochhaus The Shard werfen (mit 320 m ist es eines der höchsten Gebäude Westeuropas). Mit der Bakerloo-Linie kommt man in nur zehn Minuten direkt in die City. Ein großer beleuchteter Garten, eine kleine Bücherei und ein Billardraum sorgen für Entspannung und Abwechslung. Internet und Frühstück sind im Preis inbegriffen. *Schlafsaalbett (4–8 Betten) ab £ 12 pro Person | 144–152 Walworth Road | Tel. 77 03 80 00 | www.safestay.co.uk | U-Bahn: Elefant & Castle | Southwalk*

YHA ST PAULS **[133 E3]**

Vor lauter Hostels rücken die traditionellen Jugendherbergen in London mitunter etwas ins Abseits – dabei hat auch der britische Jugendherbergsverband YHA einiges in seine Häuser investiert. Eines der praktischsten und besten ist das Haus nahe der St-Paul's-Kathedrale. Das Gebäude im viktorianischen Stil wirkt außen unscheinbar, ist innen aber vor gar nicht allzu langer Zeit grundlegend modernisiert worden. WLAN ist gratis, das Restaurant bietet viel, auch alkoholische Getränke. Eine sonst in englischen Herbergen übliche Selbstversorgerküche gibt es hier leider nicht. Weitere Jugendherbergen finden sich u. a. an der Themse, bei Earls Court sowie nahe der Oxford Street. Übernachten kann hier übrigens jedermann – Mitglieder eines Jugendherbergswerkes (auch des deutschen) erhalten jedoch einen

Rabatt von bis zu £3. Für einen längeren Urlaub kann es sich durchaus lohnen, Mitglied zu werden. *Schlafsaalbett ab £16, DZ ab £39 | 213 Betten | 36 Carter Lane | Tel. (0)845 3719012 | www.yha.org.uk/hostel/london-st-pauls | U-Bahn: Blackfriars, St Paul's | City*

HOTELKETTEN

EASYHOTELS

Wer ganz wenig Platz und nicht unbedingt ein Fenster braucht, dem bietet der Gründungskonzern der bekannten orangen Fluglinie ein gutes halbes Dutzend Hotels in der Stadt in zentralen Lagen, darunter South Kensington (für die Museen von South Kensington und Harrods), Earl's Court, Paddington (gut für Fahrt nach Heathrow) und Victoria (fünf Minuten von Victoria Station), sowie am Barbican-Kulturzentrum mit seinen Gratis-Events. Dazu kommt jeweils ein Ableger nahe dem Flughafen Heathrow (Achtung Flugschneisenlärm) und in Luton Town für Billigflieger von Luton Airport. Die Belegungsrate ist sehr hoch (fast 100 Prozent beim easyHo-

Schneller Check-in, Preise ab 39 £: Premier Inn

tel Victoria), die Zimmerpreise beginnen bei attraktiven £25 – dafür bekommt man allerdings auch nur ein Bett, das von Wänden umgeben ist; Platz selbst für einen Koffer gibt es nicht. Oft haben die günstigsten Zimmer kein Fenster, jedes Extra muss auch extra bezahlt werden – und dazu zählt auch die Zimmerreinigung. *Zimmer ab £25 | www.easyhotel.com*

PREMIER INN **[140 B1]**

Lage, Lage, Lage: Das Flaggschiff der Premier-Inn-Budgetkette befindet sich im denkmalgeschützten ehemaligen Stadtverwaltungsgebäude County Hall, direkt neben dem London Eye und gegenüber den Houses of Parliament – besser geht's nicht! Der Blick aus dem Zimmer geht eher nach hinten, aber was soll's? Die Online-Preise beginnen bei £39. Allerdings ist das Hotel meist derart gut belegt, dass es aussichtslos ist, ein Zimmer zu diesem Preis zu ergattern. Aber: Premier Inn verfügt über rund 30 Hotels in London – viele in Toplagen, die meisten günstiger als das Flaggschiff. *Zimmer ab £39 | über 20 Hotels in Greater London | Belvedere Road | Tel. (0)871 5278648 | www.premierinn.com | U-Bahn: Westminster | South Bank*

TRAVELODGE **[133 D5]**

Diese zu Recht bei Budget-Travellern beliebte Kette hat simple, saubere Zimmer in rund 40 Londoner Locations. Vielleicht müssen Sie früh beim Frühstück sein, um das Beste abzukriegen, und mal den Extra-Handtüchern für die Kinder hinterherrennen, aber bei Preisen ab £29 (21 Tage vorher zu buchen, £49 sieben Tage vorher), wer will da meckern? Besonders empfehlenswert ist das super gelegene Travellodge South-wark *(202–206 Union Street | Tel. (0)871 9846352 | U-Bahn: Southwark)* am südlichen Themse-Ufer nahe Borough Market, Globe Theatre und Tate Modern. Das Frühstück kann man auch in einem der vielen Cafés ringsum einnehmen. *Zimmer ab £29 | ca. 40 Hotels in Greater London | www.travelodge.co.uk*

STUDENTEN-WOHNHEIME

LSE PASSFIELD **[123 F4]**

Diese Studentenunterkunft der prestigeträchtigen London School of Economics lockt Ostern, im Sommer und über Weihnachten/Neujahr mit Zimmern zu Studentenbudget-tauglichen Preisen, die auch Nicht-Studenten buchen können. Eine der Unterkünfte ist super gelegen nahe dem British Museum, eine weitere unweit von Oxford Street und eine dritte in der Nähe der Islingtoner Upper Street. *EZ ab £37, DZ ab £60, Dreibettzi. ab £80, alle mit Frühstück | Mitte Dez.–Anfang Jan., Ende März–Ende April, Anfang Juli–Ende Sept. | Passfield Hall, Carr-Saunders Hall, Rosebery Hall | Tel. 79557676 | www.lsevacations.co.uk*

UNIVERSITY OF WESTMINSTER [131 D2]
Für die Zeit der Semesterferien bietet die University of Westminster im Sommer Einzel- und Doppelzimmer zu relativ günstigen Preisen an. Die Unterkünfte zwischen £45 und £99 sind auf drei Häuser verteilt und liegen zentral. Die West-End-Theater und viele Sehenswürdigkeiten wie die Houses of Parliament sind gut zu Fuß zu erreichen. Bettwäsche und Handtücher sind inklusive, ebenso die Internetnutzung. Eine Küche für Selbstversorger ist auf jeder Etage vorhanden. *EZ ab £40, DZ ab £80 | Anfang*

Studentenwohnheim der besonderen Art: LSE Passfield

Juni– Mitte Sept. | Alexander Fleming – Hoxton, Harrow Hall – Harrow, Marylebone Hall – Marylebone | Tel. 79 11 51 81 | www.westminster.ac.uk/business/facilities-and-services

WOHNBÖRSEN UND PORTALE

FLASH SALES

Bei den sogenannten „Flash Sales" bieten Hotelbuchungs-Seiten wie *www.holidaypirates.com* für einen ganz kurzen Zeitraum – ein bis zwei Stunden – unglaublich niedrige Preise. Der Trick ist natürlich zu wissen, wann diese Flash Sales laufen. Registrieren Sie sich für Gratis-Newsletter von „Deal-Scanning"-Webseiten wie *www.moneysavingexpert.com* oder *www.dealchecker.co.uk.* Vor allem Hotelketten bieten immer wieder (vor allem vor Weihnachten, im Sommer und zu Jahresbeginn) Sonderaktionen, die sie per Newsletter, über ihre Facebook-Seiten und Twitter-Nachrichten verbreiten.

HAUS-SITTING

Solide Zeitgenossen (idealerweise mit Referenzen) können anbieten, gratis auf Haus und Haustiere aufzupassen, über Seiten wie die kostenlose *www.housecarers.com.* London ist natürlich beliebt und die Konkurrenz groß, aber probieren kann man's ja mal. Achtung: Wer sich bei professionellen Petsitting-Agenturen registriert, um mit dem Aufpassen auf Hund oder Katze Geld zu verdienen, muss sich einem Bewerbungsprozess unterziehen und ist oft Restriktionen wie Alkoholverbot oder ständiger Anwesenheitspflicht unterworfen – vielleicht nicht unbedingt das, was man sich von seiner Zeit in London wünscht.

HOME SWAP

Insider Tipp

Warum nicht mal das eigene Haus oder die eigene Wohnung mit Londoner Haus- oder Wohnungsbesitzern tauschen? Günstiger geht's nun wirklich nicht. Auch Mietern steht diese Möglichkeit des „Home Swap" zur Verfügung, und ein Haustausch kann das ganze Jahr über (und muss nicht unbedingt zeitgleich) erfolgen. Ein Gratis-Portal ist *www.homeforhome.com* (Nicht wundern: Die Website erscheint erst auf Spanisch. Einfach auf Deutsch umschalten). Eine Riesen-Sparmöglichkeit! Die Website von Londonern für Londoner, *www.gumtree.com,* bietet u. a. Gratis-Anzeigen zu Wohnungstausch sowie Mitwohn-Angeboten.

LONDON BED & BREAKFAST
Die Spanne der von London Bed & Breakfast aus Bensheim vermittelten Gästezimmer in London reicht bis ins Low-Budget-Segment; B&B Preise beginnen ab 40 Euro pro Person pro Nacht inkl. Frühstück, Langzeitmieten beginnen bei 200 Euro pro Woche (inkl. Nebenkosten, keine Kaution). Statt Call-Center gibt's persönlichen Service: Frau Weichselbergers Team inspiziert alle Zimmer regelmäßig und sucht Ihnen was Feines raus. *B&B pro Person ab 40 Euro | Felsbergstr. 22B | 64625 Bensheim | Tel. 06251 702822 | www.bed-breakfast.de*

ONLINE-INFO
Webseiten wie die offizielle Plattform der dynamischen Touristeninformation *www.visitlondon.com, www.londonhotelsinsight.com, www.lastminute.com* oder *www.booking.com* bieten gute Rabatte, letztere auch bisweilen mit wertvollem Gäste-Feedback. Die Webseite *www.budgetplaces.com* hat Call-Center auch in Deutschland und eine Tiefpreisgarantie. Immer eine gute Adresse für einen ersten Überblick: Die Flugsuchmaschine Skyscanner hat inzwischen auch eine Hotelpreis-Vergleichssuche: *www.skyscanner.net/hotels.html*. Hier werden zahlreiche Buchungsplattformen parallel nach den besten Preisen durchsucht.

SECRET SALES
Wer mit einem gewissen Überraschungs-Moment leben kann, spart bei Online-„Geheimverkäufen" von Hotelkontingenten möglicherweise viel Geld – das geht zum Beispiel über *www.lastminute.com*. Das Prinzip ist simpel: Sie geben ein, welches Datum Sie wünschen, dazu die Personenzahl und Ihr Budget – schon sucht das System etwas Passendes aus und bucht Sie auch direkt ein, will heißen: Top, das Hotel gilt! Die Mystery-Hotel-Angebote von *www.superbreak.com* haben ein ähnliches Sparpotenzial. Und auch bei Secret Escapes *(www.secretescapes.de)* findet man interessante Angebote, vor allem Schnäppchen in sonst eher hochpreisigen Hotels. Hier gibt es teilweise 70 Prozent Rabatt.

ZELTPLÄTZE

ABBEY WOOD **[0]**
Dieser preisgekrönte, ganzjährig geöffnete Campingplatz mit viel Raum für Wohnmobile und Zelte liegt im Südos-

ten der Stadt; Greenwich ist nicht weit. Das Ganze wirkt fast ländlich mit altem Baumbestand auf sanft gewelltem Gelände, doch in 35 Minuten sind Sie in der Innenstadt. In der Nähe befindet sich ein Ablegepunkt für Fluss-Sightseeingfahrten zwischen Greenwich, Tower Bridge, Westminster sowie Kew, Richmond und Hampton Court auf der anderen Seite der Stadt. Es gibt einen WLAN-Bereich. *185 Stellplätze ab ca. £15 inkl. 2 Erw., Zeltplätze ab £7.50 | ganzjährig geöffnet | Federation Road, Abbey Wood | Tel. 8311 7708 | www.caravanclub.co.uk | U-Bahn: Abbey Wood | Abbey Wood (Greater London)*

LEE VALLEY CAMPING & CARAVAN PARK [O]

Ein attraktiver Mix aus Natur und City ist dieser günstig gelegene Campingplatz im Londoner Nordosten, in der Nähe des ehemaligen Olympiageländes. Hier werden beheizte Cocoon-Kabinen mit zwei Feldbetten und elektrischem Licht angeboten, ab £35. Der Preis für Rucksack-Traveller mit Zelt liegt um die £14 pro Nase (Zelt bitte selbst mitbringen). Waschmaschine und Trockner, Bügeleisen und Fön sind gegen eine geringe Gebühr nutzbar. In einer Stunde sind Sie im Zentrum (Bus zur Overground und U-Bahn-Station alle zehn Minuten). *160 Stell- und Zeltplätze ab ca. £14, Cocoon ab £35 | ganzjährig außer Weihnachten | Meridian Way | Tel. 88036900 | www.visitleevalley.org.uk | U-Bahn: Tottenham Hale | Edmonton*

Insider Tipp

LEE VALLEY CAMPSITE SEWARDSTONE [O]

Der Schwesterzeltplatz 6 km weiter nördlich des obigen Edmonton Caravan Parks hat einen etwas ländlicheren Charakter. Es gibt zwei Felder für Zelte, plus ebenfalls fünf Cocoon-Kabinen (s. o.) für zwei Personen ab £35. Holzhäuschen für vierköpfige Familien starten bei £50. Ideal für die, die nicht campen wollen, aber auch nicht das Geld für ein Hotelzimmer haben und den Kontakt zur Natur mögen. Ein Shuttlebus bringt Sie zur U-Bahn-Station, von da sind Sie in 40 Minuten in der Innenstadt. *Ca. 80 Stell- und Zeltplätze ab £19, 17 Cocoons und Cabins ab £35 | März–Jan. | Sewardstone Road | Tel. 85295689 | www.leevalleypark.org.uk | U-Bahn: Walthamstow Central | Chingford*

THE CAVENDISH [131 E4]

Bei diesem freundlich-komfortablen Vier-Sterne-Hotel mitten in Mayfair lehnt man sich mit gutem Gewissen in die Kissen: Tee & Kaffee sind fair gehandelt, die Putzprodukte umweltfreundlich und ein spezielles Green Team immer am ökologischen Ball. Aber auch Champagner-Ökos wollen sparen. Auf folgende Angebote sollten Sie achten: Beim Weekend Getaway kostet das Doppelzimmer mit English Breakfast ab £ 189 (regulär ab £ 300), und das romantische Weekend Special macht £ 289 samt einer Flasche Moet&Chandon-Roséschampus, Pralinen, Drei-Gänge-Abendessen und Frühstück im Bett (Preise sind inkl. Mwst., die beträgt 20 Prozent und wird bei Luxus-Hotelpreisen oft nicht vorher angegeben!). Diese Special Offers findet man am leichtesten an Wochenenden in weniger nachgefragten Monaten wie Januar und Februar, interessanterweise jedoch auch im Juli und August! *DZ ab £ 189 | 230 Zi. | 81 Jermyn Street | Tel. 79 30 21 11 | www.thecavendishlondon.com | U-Bahn: St James | Mayfair*

FORTY WINKS [135 F3]

Vogue Deutschland nannte dieses Gästehaus mit nur zwei Zimmern und geteiltem Bad „das schönste kleine Hotel der Welt", und tatsächlich lieben Mode- und Medienmenschen sowie Trendsetter dieses East-End-Townhouse aus dem Zeitalter Queen Annes (1717) für ihre „Forty Winks" („vierzig Augenschläge") Schlaf – soviel Atmosphäre und Design fürs Geld finden Sie sonst nirgends. Der durchgestylte Celebrity-Favorit im angesagten East End ist nur etwas für hippe Traveller, hier sollte man nicht zu gerade gebügelt sein – und weit im Voraus buchen. *2 Zi. mit geteiltem Bad £ 120 bzw. £ 195 inkl. Frühstück | 109 Mile End Road | Tel. 77 90 02 59 | www.40winks.org | U-Bahn: Stepney Green | Stepney Green*

HOXTON HOTEL [126 A4]

Wenn das nicht der Hipster-Himmel ist! Der coole Luxus des Hoxton-Hotels zieht Besucher an, die wissen, welchen Cocktail man dieses Jahr trinkt und welche Sneaker man zum Anzug trägt. Die Lobby und das Restaurant Hoxton

LUXUS LOW BUDGET

Grill dienen vielen MacBook-Trägern tagsüber als Büro. Ab rund £ 89 (kleines „Shoebox"-DZ) kann man sich hier zufrieden in die Entendaunen-Bettwäsche kuscheln und die Verwandtschaft in der ganzen Welt anrufen. Denn auch internationale Telefongespräche sind im Preis enthalten. Die Produkte in der Minibar kosten zudem nicht mehr als im Supermarkt. Ein besonderes Angebot hat das Hoxton für alle, die die Nacht zum Tag machen wollen: Es ist möglich, Zimmer nur von 10 bis 16 Uhr zu buchen – zu günstigeren Preisen. Im Stadtteil Holborn gibt es mittlerweile ein Schwesterhotel mit ähnlichen Konditionen. *DZ ab £ 89 | 205 Zi. | 81 Great Eastern St | Tel. 75 50 10 00 | www.thehoxton.com | U-Bahn: Old Street | Shoreditch*

Wer die Nächte durchfeiert, kann auch nur für tagsüber ein Zimmer buchen: Hoxton Hotel

> Die besten Abenteuer gibt's bisweilen umsonst: Wo kleine Urlauber in London großen Spaß haben können

In London können Familien für wenig Geld viel erleben – vor allem dank der großen Zahl an kinderfreundlichen und interaktiv ausgerichteten Museen *(S. 110)*, die für ihre ständigen Ausstellungen kein Geld verlangen. London selbst ist ein einziges Outdoor-Museum: Tower Bridge & Co. live zu sehen, gibt sogar schulmüden Kids einen gewissen Kick. An der Southbank die Themse entlanglaufen kostet nichts, und man kann dabei lebende Statuen, Musiker und Jongleure bewundern. Picknicks in den zahlreichen Parks kosten meist keinen Eintritt, sondern nur das, was man verspeist. Die Website *www.reallykidfriendly.com* hat hervorragende Tipps zu Events, kinderfreundlichen Pubs und vielem mehr. Kulturfestivals *(siehe auch ab S. 17)* können Kindern jede Menge Unterhaltung bieten. Übrigens: Eine Statistik besagt, dass vier von zehn Londoner Kindern unterhalb der Armutsgrenze leben. Das heißt aber auch, dass es an vielen Ecken preisgünstiges Kindervergnügen gibt, an dem auch Touristen-Familien beim Londonbesuch teilnehmen können – die schönsten Spielplätze, Parks und vieles mehr finden Sie auf den folgenden Seiten.

MIT KINDERN

AKTIVITÄTEN & SIGHTSEEING

GREENWICH [0]

In Greenwich, der Heimat der Greenwich Mean Time (britische Zeitzone), kann ein Teil der Familie in der östlichen Welthalbkugel stehen, der andere Teil auf der westlichen – der durch Greenwich verlaufende Nullmeridian macht's möglich. Das Maritime Museum verlangt keinen Eintritt und hat Kindern viel Interaktives zu bieten; beim Picknick im hügeligen Greenwich Park mit seinen alten Bäumen eröffnet sich der beste Blick auf die Londoner Skyline. Und wenn Sie den Kids erzählen, dass es auf der Wendeltreppe in Inigo Jones' Queen's House, dem ersten klassizistischen Bau Englands aus dem 17. Jh., spuken soll, gehen sie um so begeisterter auf Besichtigungstour. Noch spannender ist es natürlich, per Boot ins Viertel einzulaufen; ein flexibles Familienticket nach Greenwich, einfache Fahrt, kostet mit der Travelcard um £ 24. *Eintritt frei | geeignet ab 6 Jahre | Maritime Museum tgl. 10–17 Uhr | Tel. 83 12 66 08 | www.rmg.co.uk | U-Bahn: Cutty Sark | Greenwich*

HARRY POTTER WALK

Mit £ 10 für Erwachsene (Kinder bezahlen nur £ 3) sind die zwei verschiedenen Harry Potter Walks der angesehenen London-Walks-Company relativ günstig. Die Touren führen zu den Filmlocations des Zauberlehrlings wie Leadenhall Market (im ersten

Harry-Potter-Film Drehort der „Winkelgasse“) und Gleis 9 ¾ der King's Cross Station, an dem der Hogwarts-Express in jedes Zauber-Schuljahr startet. Unser Low-Budget-Tipp: Drucken Sie unter *www.the-magician.co.uk* eine Gratis-Beschreibung aus und starten Sie auf eigene Faust! *Führung für Kinder nur £ 3 oder Online-Führungsbeschreibung frei | geeignet ab 6 Jahre | Die Touren starten draußen vor den U-Bahn-Stationen Bank und Embankment, je nach Wochentag und Uhrzeit | Tel. 76 24 39 78 | www.walks.com | City*

ÜBERNACHTEN AUF DEM PIRATENSCHIFF [133 F4]

Ein bisschen Vorausplanung ist hier nötig, aber von ihrer Nacht auf dem Kanonenboot werden die Kids garantiert noch lange sprechen. „Sleepover on the Golden Hinde“ – Golden Hinde ist die fantastische Replik des Kriegsschiffs, auf dem Sir Francis Drake im 16. Jh. die Welt umsegelte. Selbst diese Nachbildung hier im Trockendock hat schon die Meere gekreuzt und dient heute als Museumsschiff *(10–17 Uhr)*. An einzelnen Terminen zwischen März und Okto-

Gleis 9 ¾: Sich einmal wie ein Hogwarts-Schüler fühlen ...

ber können frischgebackene Piraten mit ihren Eltern auf dem Kanonendeck schlafen; Schauspieler erzählen dazu gruselige Geschichten. Mehrere Familien teilen sich ein Sleepover, aber das Beste ist: Sie sparen eine Nacht im Hotel, und das Essen ist auf der „Golden Hinde" inbegriffen! *Sleepover £43 für Erw. und Kinder, Besichtigung £5/£3 | tgl. 10–17 Uhr (kann variieren) | St Mary Overie Dock, Cathedral Street | Tel. 74 03 01 23 | www.goldenhinde.co.uk | U-Bahn: London Bridge | Southwark*

ENTERTAINMENT

Insider Tipp

FRAMED FILM CLUB [133 E1]

Licht aus, Film ab! Jeden Samstag um 11 Uhr werden im Barbican die besten neuen Streifen und die schönsten Kinderfilmklassiker gezeigt. Kinder zahlen nur £2.50 für die Filmvorführungen, Erwachsene £3.50. Eine Mitgliedschaft ist nicht erforderlich. Einmal im Monat finden außerdem kostenfreie Workshops für Kinder statt, mit spannenden Themen wie z. B. der Herstellung eines Kurzfilms. Nach der Kinovorführung lohnt sich ein Abstecher in die Barbican Kitchen im Erdgeschoss oder auf die Außenterrasse direkt am See *(Mo–Sa 9–20, So 11–20 Uhr)*. Dort werden kleine Snacks und Erfrischungen angeboten. Kinder unter 12 Jahren essen hier kostenlos, wenn sie von einem zahlenden Erwachsenen begleitet werden. *Kinovorführung £2.50 | geeignet ab 6 Jahre | Barbican Centre | Silk Street | Sa 11 Uhr | Tel. 76 38 88 91 | www.barbican.org.uk | U-Bahn: Barbican*

KINDERKONZERTE WIGMORE HALL [131 D2]

In der schönen Konzerthalle Wigmore Hall laufen etwa viermal pro Jahr die Konzerte der „For Crying Out Loud"-Serie für Babys bis zu einem Jahr und ihre Eltern. Dabei wird Kammermusik von der Royal Academy of Music geboten. Für Babys ist's gratis, begleitende Erwachsene zahlen £8.50. Für Kinder zwischen 2 und 5 Jahren gibt es zweimal im Monat die „Chamber Tots"-Serie, interaktive Musik-Workshops, bei denen die Kids die Musiker treffen (Kinder: £6, begleitende Erwachsene £4). Last but not least gibt es „Family Events" (Konzerte und Workshops) mit Kindern ab fünf Jahren. Alle Termine finden

Sie auf der Website. *Eintritt frei bis £12 | wechselnde Termine | 36 Wigmore Street | Tel. 79352141 | www.wigmore-hall.org.uk | U-Bahn: Bond Street | Oxford Circus*

KINDERKONZERTE

LSO AT ST LUKE'S [125 E4]

Die dreimal pro Jahr stattfindenden LSO-Discovery-Konzerte für Kinder zwischen 7 und 12 Jahren sind eine tolle und günstige Einführung in die Welt der Orchestermusik (Kinder £5, Erwachsene £10). Jedes Konzert hat ein Thema, die Kinder haben vor bzw. nach dem Konzert bei Gratis-Workshops Gelegenheit, die Musiker zu treffen und selbst zu proben. Für kleinere Kinder wird eine kostenlose Krabbelstube angeboten. *Gratis-Workshops und Krabbelstube | unterschiedliche Termine | Music Education Centre | 161 Old Street | Tel. 74903939 | www.lso.co.uk | Bahn: Old Street (Exit 7) | Islington*

PUPPET BARGE [129 D1]

Wem große Bühnen mit Kind und Kegel zu teuer sind, der kann's ja mal eine Nummer kleiner probieren: Auf einem Boot in Richmond wird zauberhaftes Puppenspiel gezeigt, zu fairen Preisen (Erwachsene £12, Kinder £8.50). Die Geschichten von den drei kleinen Schweinchen oder Rotkäppchen überwinden ganz leicht sämtliche Sprachbarrieren – und bieten nebenbei hervorragende sprachliche Früherziehung. *Kinder £8.50 | wechselnde Termine | geeignet ab 4 Jahren | Petersham Road | Tel. 72496876 | www.puppetbarge.com | U-Bahn: Richmond | Richmond*

ESSEN & TRINKEN

ALL STAR LANE [0]

Warum nicht das Notwendige mit Spaß verbinden? All Star Lane bietet Bowlingbahnen mit Restaurant, ganz im amerikanischen Stil gehalten – wie auch das Essen, das überwiegend aus Burger & Co. besteht. Die relativ neue Bahn ist im Westfield-Einkaufszentrum in Stratford untergebracht. Für Kinder gibt es extra leichte Kugeln, außerdem Kombiangebote: Kindermenü mit Bowlingspiel für £17.50. *Bowlen ab £5.95, Gericht ab £6.50 | Mo–Do 11–23, Fr 11–0, Sa 10–0, So 10–23 Uhr | geeignet für Kinder ab 4 Jahren | Westfield Stratford City (2. Etage), Tel. 31672434 | www.allstar*

lanes.co.uk/locations/stratford | U-Bahn: Stratford | Stratford

GIRAFFE

Halten Sie Ausschau nach dem orangen Schriftzug dieser familienfreundlichen, in poppigen Safari-Farben eingerichteten Restaurantkette. Im Giraffenrestaurant wird der Geldbeutel geschont, und die Qualität ist prima. Sparer bekommen unter der Woche das leckere „Lunch Offer" mit einem Hauptgericht plus Soft-Getränk für knapp £ 10. Außerdem gibt es wochentags ein 2-für-1-Angebot. Am Wochenende gilt: Pro zahlendem, erwachsenen Gast, isst ein Kind gratis. Filialen gibt's u. a. an der Southbank, samt Super-Themseblick. *Spezielle Gerichte für Kinder ab ca. £ 2 | Mo–Do 8–23, Fr 8–23.30, Sa 9–23.30, So 21–22.30 Uhr | Tel. 70 42 69 00 | www.giraffe.net | U-Bahn: Waterloo | South Bank*

Insider Tipp **MUFFIN MAN** [136 C2]

Altmodisch-gemütlicher, sehr kinderfreundlicher und dabei günstiger Tea- und Coffee-Shop, schön zentral gelegen fürs Shopping in Kensington und in der Nähe der South Kensington Museen. Serviert werden Teatime-Klassiker wie All Day English Breakfast oder Afternoon Tea inklusive Sandwiches und Scones mit Marmelade. Low-Budget-freundlich: Die Hauptgerichte können als halbe Portion geordert werden! Durch die Lage abseits vom Touristenstrom herrscht keine Hektik. Kids lieben die preisgekrönten Muffins! *Mo–Sa 8–20, So 9–20 Uhr | 12 Wrights Lane | Tel. 79 37 66 52 | www.themuffinmanteashop.co.uk | U-Bahn: High St Kensington | Kensington*

PIZZA PILGRIMS [131 F2]

So etwas wie eine Institution in London: Pizza Pilgrims begann hier in diesem kleinen Eckrestaurant in Soho, Pizza nach neapolitanischem Vorbild zu kreieren. Bis heute stammen die meisten Zutaten aus dem Süden Italiens. Inzwischen gibt es einen Ableger in der Kingley Street. Die Preise sind für Londoner Verhältnisse überaus human – die günstigste Pizza kostet nur £ 6. Und auf Kinder ist man ganz nach italienischem Vorbild natürlich auch immer eingerichtet. *Mo–Sa 11.30–22.30, So 12–21.30 Uhr | 11–12 Dean Street, Tel. 72 87 89 64 | U-Bahn: Tottenham Court Road | Soho*

RAINFOREST CAFÉ [131 F4]

Eine Überraschung für Kinder ist ein Essen im Dschungel des „Regenwald“-Cafés am Piccadilly Circus mit tropischem Dekor und „tierischen“ Menüs. Man zahlt zwar etwas mehr fürs Ambiente, finanziert damit aber auch die Spenden des Restaurants an die Umweltschutzorganisation World Land Trust für ein Regenwald-Projekt in Ecuador. Low-Budget-Tipp: Pro Portion zwei Teller bestellen und mit dem Nachwuchs teilen – da rümpft in Londons beliebtestem Familienrestaurant niemand die Nase. *Mo–Fr 12–22, Sa 11.30–22.30, So 11.30–22 Uhr | 20 Shaftesbury Avenue | Tel. 74 34 31 11 | www.therainforestcafe.co.uk | U-Bahn: Piccadilly Circus | Piccadilly*

KINDERMUSEEN

Die meisten Museen sind bestens auf Kinder eingestellt. In den „Half Term“-Ferien der britischen Schulkinder, je eine Woche im Frühjahr und Herbst, bieten Museen Gratis- oder Low-Cost-Zusatzaktivitäten.

POLLOCK'S TOY MUSEUM [131 E1]

Bis unters Dach voll mit Spielzeug steckt dieses sehenswerte Museum. Leider ist es nicht kostenfrei, aber für das besondere Erlebnis sollte man den Eintritt erübrigen. In den verschiedenen Räumen im ersten und zweiten Stock entführen Spielwaren des 18. und 19. Jh., Puppen und Teddies aus aller Welt, Holzmarionetten, Handpuppen und Papiertheater, die sogar

CLEVER!

> Rallye mit Bahn und Bus

Das Transport-Museum in Covent Garden *(www.ltmuseum.co.uk)* ist zwar toll und Kinder unter 16 Jahren zahlen keinen Eintritt, Erwachsene dafür aber £ 17.50 und Kids bis 12 Jahre müssen von einem Oldie begleitet werden. Eine günstige Alternative dazu ist es, aus dem Londoner U-Bahn- und Doppeldeckerbus-System ein spannendes Spiel zu machen. Übersichtskarten und Infomaterial gibt's an U-Bahn-Stationen und an der Touristeninfo *(S. 13)* umsonst – lassen Sie die Kinder ihren eigenen Weg rund um die Sehenswürdigkeiten aushecken. Und: Kinder unter 11 Jahren nutzen das Transportsystem gratis! *www.tfl.gov.uk*

noch vom Gründer Benjamin Pollock persönlich angefertigt wurden, in eine zauberhafte Welt. Nach vielen Treppenstufen landet man wieder im Spielzeuggeschäft. Wer den Eintritt ins Museum sparen möchte, schaut sich nur im Laden um. Im Covent Garden gibt es ein weiteres Geschäft *(pollocks-coventgarden.co.uk). Geeignet ab 3 Jahre | Eintritt £6 / £3, Mo–Sa 10–17 Uhr | 1 Scala Street | Tel. 76363452 | www.pollocksmuseum.co.uk | U-Bahn: Goodge Street | Fitzrovia*

VICTORIA & ALBERT MUSEUM OF CHILDHOOD [127 E3]

Hinter der imposanten Fassade des roten Backsteingebäudes in Bethnal Green, einem der multikulturellsten und angesagtesten Viertel Londons, erwarten Sie schön präsentierte Spielsachen von 1600 bis heute – Puppenhäuser, Rubicube, Jojos usw. sowie wechselnde Ausstellungen. Der Eintritt ist frei, das Museum liegt gerade eine Geh-Minute von der U-Bahn-Station entfernt. Gratis-WLAN, einen Raum mit Fläschchenwärmer und Stellplatz für den Kinderwagen gibt's auch. Die Website bietet auch interaktive pädagogische Aktivitäten für Kids. *Geeignet ab 6 Jahre | Eintritt frei | tgl. 10–17.45 Uhr | Cambridge Heath Road | Tel. 89835200 | www.museumofchildhood.org.uk | U-Bahn: Bethnal Green | City*

PARKS

BATTERSEA ZOO [144 C3]

Eine Alternative zum Londoner Zoo ist der viel günstigere Zoo von Battersea, das Familienticket für zwei Erwachsene und zwei Kinder (oder ein Erw. plus drei Kinder) kostet £31 statt rund £75.80. Den Park gibt es noch gratis dazu, und Sie sind meist unter Londonern. Am Wochenende und in den Schulferien können Sie der Fütterung der Tiere beiwohnen. *Tgl. 10–16.30 (im Winter), bis 17.30 Uhr (im Sommer) | Chelsea Gate, Queenstown Road, Battersea Park | Tel. 79245826 | www.batterseaparkzoo.co.uk | U-Bahn: Sloane Square, dann noch ca. 1 km zu Fuß oder Bus Nr. 137 | Battersea*

EISENBAHN-DSCHUNGELTRAIL [144 C2]

Der Eintritt in diese magische Welt kostet nicht einen Penny. Der Parkland Walk folgt einer ehemaligen,

Hamleys
TOYS
Hamleys

inzwischen stillgelegten Eisenbahnlinie von Finsbury Park nach Alexandra Palace. Seit über 50 Jahren fährt hier kein Passagierzug mehr, die Brücken und Bahnsteige sind mittlerweile idyllisch überwuchert. Die Kinder können zwischen alten Bäumen tollen. Der Startpunkt für den knapp 5 km langen Naturreservatsweg ist Finsbury Park samt kinderfreundlichem Café, Bowls Club und Spielplatz. *Eintritt frei | www.parkland-walk.org.uk | U-Bahn: Finsbury Park (Eingang durch das nächstgelegene Eingangstor), am Ende: Bus von Alexandra Palace nach Wood Green | Haringey*

POSTMAN'S PARK [133 E2]

Dieser ungewöhnliche viktorianische Park hat eine einzigartige und berührende Geschichte, die für Kinder sehr spannend sein kann. Die Reihen von Doulton-Keramiktafeln erinnern an Menschen, die beim Versuch, anderen das Leben zu retten, das eigene lassen mussten. Darunter waren auch sehr junge und tapfere Lebensretter, wie etwa die Tafeln zu Ehren von Herbert Maconoghu und David Selves zeigen – der eine war 13, der andere 12 Jahre alt. Sie hatten versucht, ihre Kameraden vor dem Ertrinken zu retten. *Eintritt frei | tgl. 8–19 Uhr (Sommer), bis Einbruch der Dämmerung (Winter) | zwischen King Edward Street, Little Britain und Angel | U-Bahn: St Paul's | Bloomsbury*

ST JAMES'S PARK [139 E–F1] Insider Tipp

Jeden Tag werden in diesem Park zwischen Whitehall und Buckingham Palace um 14.30 Uhr die Pelikane mit Fisch gefüttert, und die Eichhörnchen sind sehr zahm. Der Park bietet eine tolle Gelegenheit, gleich zwei der weltberühmten Wachablösungen mitzuverfolgen, nämlich die Horse Guards Parade und den Wechsel am Buckingham Palace. *Eintritt frei | tgl. 14.30 Uhr | U-Bahn: St James's | St James's*

SHOPPING

HAMLEYS LONDON [131 E3]

Der nach eigenen Aussagen älteste und größte Spielzeugladen der Welt (gegründet 1881) ist nach wie vor ein Mekka nicht nur für Kinder – auch deren Eltern werden hier unweigerlich anfangen, zwischen den Autos, Teddys und Spielen zu stöbern. Das Hauptgeschäft befindet sich in der Regent Street und bietet immer irgendwelche

Bild: Hier werden Wünsche wahr – Hamleys

Aktionen – meist schon vor dem Eingang. Hamleys betreibt eine Eigenmarke, die Spielzeug für durchaus bezahlbare Preise bietet. *Mo–Fr 10–21, Sa 9.30–21, So 12–18 Uhr | 188–196 Regent Street | Tel. (0)371 7041977 | www.hamleys.com | U-Bahn: Piccadilly Circus, Oxford Circus | Soho*

HARDY'S [132 A3]

Hhmmm... Von Fruchtgummis bis Schokofröschen à la Harry Potter: Die Läden von Hardy's – u. a. nahe Leicester Square – sorgen in ganz London für Zuckerschocks. Hier türmen sich Gläser voller traditioneller Süßigkeiten und neuen Kreationen. Hot, hot, hot: Die Demon-Chili-White-Schokolade sollte man besser von Kindern fernhalten. *Ganze Bonbon-Schachtel ab £3 | Mo–Sa 11–20, So 11–18 Uhr | 52 Charing Cross Road | Tel. 01992568603 | www.hardyssweets.co.uk | U-Bahn: Leicester Square | Westminster*

INTERNATIONAL MAGIC SHOP [124 C5]

In Londons bekanntestem Zauberladen lässt es sich hervorragend nach magischem Material stöbern, von Anleitungen zu Karten- und Münztricks bis zur Ausrüstung für Meistermagier. In dem Laden gibt's viele Kleinigkeiten, beispielsweise alles, was man braucht, um eine Münze verschwinden zu lassen oder ein Seil zu teilen und wieder zusammenzufügen, für £6.50. Das Personal demonstriert auch mal gratis einen Trick für Ihre Kinder. Insider Tipp *Mo–Fr 11.30–18, Sa bis 16 Uhr | 89 Clerkenwell Road | Tel. 74057324 | www.internationalmagic.com | U-Bahn: Chancery Lane, Farringdon | Clerkenwell*

JUST WILLIAMS [0]

Selbst wer nur sein Taschengeld investieren will, kommt in diesem Familienbetrieb recht weit. Die „pocket money area" ist für Kleinkram bis £5 reserviert. Ab 40 Pence kommt man hier ins Geschäft. Eine Kunst wird es, die Kinder aus dem Laden zu schieben, bevor sie die Lego-Raumschiffe entdecken. Oder die Laserschwerter. Oder die solarbetriebenen Autos. Wobei letztere für £15 bis £20 auch nicht die Bank sprengen. Mit einem Teil der Einnahmen unterstützt Just Williams lokale Schulen und die Kinderabteilung des King's College Hospital. *Mo–Sa 9.30–18, So 10.30–16.30 Uhr | 106 Grove Vale | Tel. 8299 3444 | www.justwilliamstoys.com |*

Zug: East Dulwich | Dulwich, südöstl. der City

MUTTER & KIND SECONDHAND-LADEN [144 C3]
Dieser Flagship-Charity-Shop der Fara-Wohltätigkeitsorganisation, die sich für rumänische Waisen einsetzt, ist eine Fundgrube für markenbewusste Sparfamilien. Hier werden Secondhand-Kinderteile von mittleren und Top-Marken (Mini Boden, Baby Gap), viele kaum getragen, weit unter Neupreis verkauft. Secondhand-Spielsachen gibt's auch. *Mo–Fr 9–18, Sa und So bis 17 Uhr | 40 Tachbrook Street | Tel. 76 30 77 30 | www.faracharityshops.org/store/pimlico-kids | U-Bahn: Victoria | Pimlico*

SPIELPLÄTZE

CORAM'S FIELD [124 B5]
Die grüne Oase im Herzen der City bietet Rasenflächen für Picknick und Spiel mit Sandkästen, einem Planschbecken, Rutschbahnen, einem Ententeich und einem Streichelzoo mit Schafen, Hühnern und Ziegen – alles kostenlos. Und sie hat auch noch eine spannende Geschichte: Coram's Field wurde 1739 von Captain Thomas Coram als Waisenhaus begründet, heute ist die georgianische Säulenarchitektur das einzige, was vom Haus übrig geblieben ist. Drei Jahrhunderte später wurde das Grundstück nach einer Kampagne einheimischer Unterstützer 1936 zu Londons erstem öffentlichen Spielplatz. *Eintritt frei | tgl. 9 Uhr bis Einbruch der Dämmerung | 93 Guilford Street | Tel. 78 37 61 38 | www.coramsfields.org | U-Bahn: Russell Square | Bloomsbury*

LADY DIANA SPIELPLATZ [129 D4]
In den Kensington Gardens erinnern der Diana-Memorial-Playground-Spielplatz und die elegant geschwungene Diana Memorial Fountain an die kinderliebe Prinzessin der Herzen. Die Kids können ein Piratenschiff mit Strand drumherum kapern, es gibt Skulpturen zum Spielen, einen Sinnespfad und Tipis. Ein Vorschlag für danach: Tee und Scones (allerdings nicht ganz billig) in der eleganten, aber lockeren lichtdurchfluteten Orangery genießen – die Eltern müssen ja auch ihr Vergnügen haben. *Eintritt frei | tgl. 10–19.45 Uhr (im Winter bis Einbruch der Dunkelheit) | Tel. (0)300 061 20 01 | www.royalparks.org.uk | U-Bahn: Bayswater | Kensington*

KARTENLEGENDE

Motorway Autobahn	Autoroute Autosnelweg
Road with four lanes Vierspurige Straße	Route à quatre voies Weg met vier rijstroken
Through road Durchgangsstraße	Route de transit Weg voor doorgaand verkeer
Main road Hauptstraße	Route principale Hoofdweg
Other roads Sonstige Straßen	Autres routes Overige wegen
Information - Parking Information - Parkplatz	Information - Parking Informatie - Parkeerplaats
One way road Einbahnstraße	Rue à sens unique Straat met eenrichtingsverkeer
Pedestrian zone Fußgängerzone	Zone piétonne Voetgangersgebied
Main railway with station Hauptbahn mit Bahnhof	Chemin de fer principal avec gare Belangrijke spoorweg met station
Other railways Sonstige Bahnen	Autres lignes Overige spoorwegen
Underground U-Bahn	Métro Ondergrondse spoorweg
Bus-route Buslinie	Ligne d'autobus Buslijn
Landing place Anlegestelle	Embarcadère Aanlegplaats
Church - Church of interest - Synagogue Kirche - Sehenswerte Kirche - Synagoge	Église - Église remarquable - Synagogue Kerk - Bezienswaardige kerk - Synagoge
Post office - Police station Postamt - Polizei	Bureau de poste - Police Postkantoor - Politie
Monument - Tower Denkmal - Turm	Monument - Tour Monument - Toren
Hospital - Hotel - Youth hostel Krankenhaus - Hotel - Jugendherberge	Hôpital - Hôtel - Auberge de jeunesse Ziekenhuis - Hotel - Jeugdherberg
Built-up area - Public buildings Bebauung - Öffentliche Gebäude	Zone bâtie - Bâtiments public Woongebied - Openbaar gebouw
Industrial area Industriegebiet	Zone industrielle Industriekomplex
Restricted traffic zone Zone mit Verkehrsbeschränkungen	Circulation réglementée par des péages Zone met verkeersbeperkingen

CITYATLAS LONDON

> Auf den Seiten 118/119 finden Sie eine *Übersichtskarte* mit den 10 wichtigsten Sehenswürdigkeiten.

> Eine *Umgebungskarte* vom Großraum London befindet sich auf den Seiten 144/145.

> Das *Straßenregister* (ab Seite 146) enthält eine Auswahl der im Cityatlas dargestellten Straßen und Plätze.

> Stadtviertel zur Orientierung

NICHT VERPASSEN: Die Top 10 der besten Sehenswürdigkeiten (Die Beschreibungen finden Sie auf den Seiten 14 und 15)

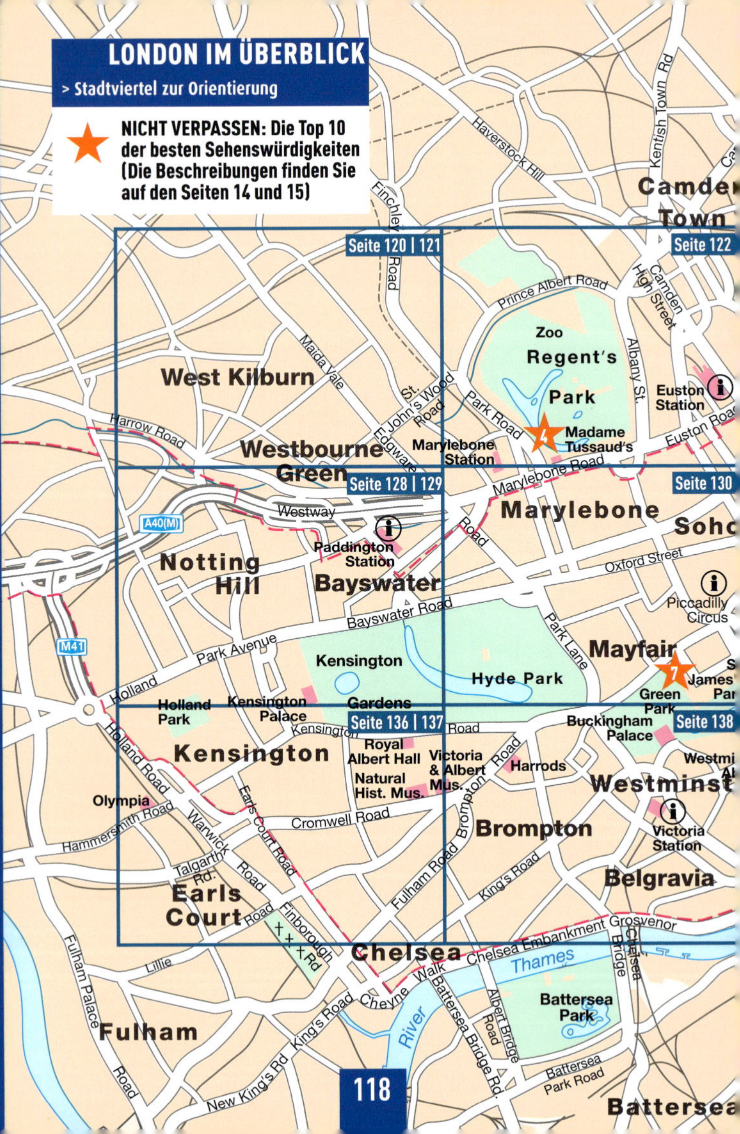

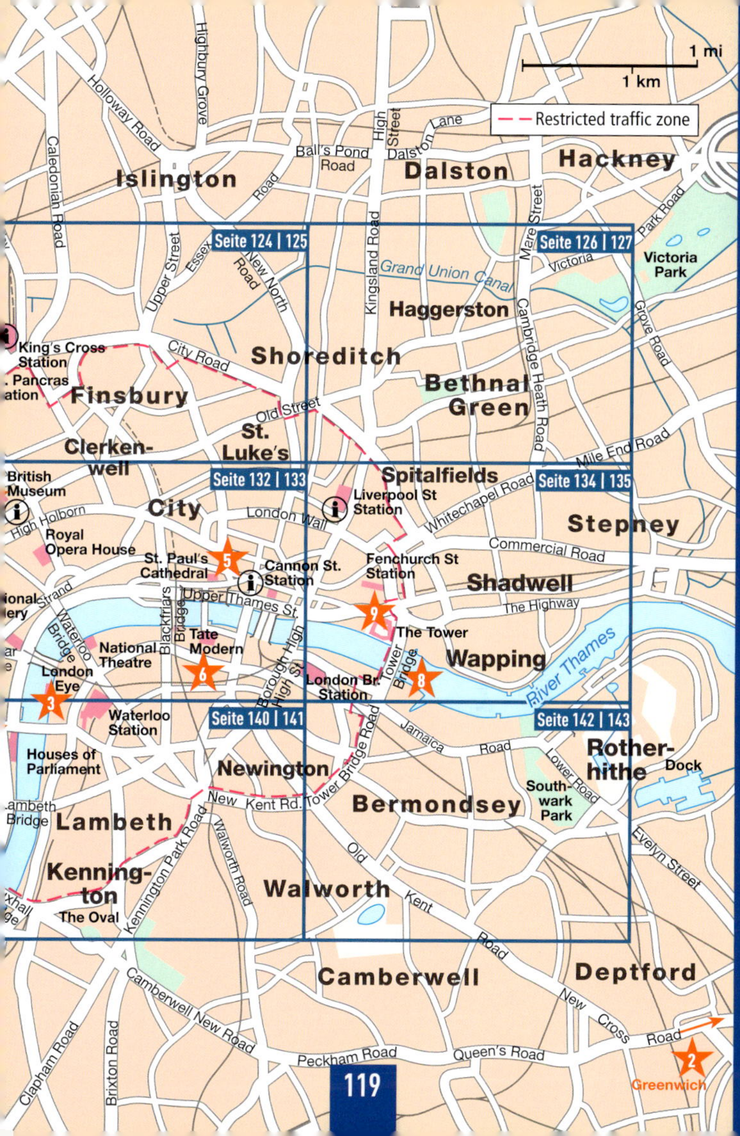
1 mi
1 km
Restricted traffic zone
Holloway Road
Highbury Grove
Caledonian Road
Islington
Road
Ball's Pond Road
High Street
Dalston Lane
Dalston
Hackney
Mare Street
Park Road
Seite 124 | 125
Upper Street
Essex
New North Road
Kingsland Road
Grand Union Canal
Seite 126 | 127
Victoria
Victoria Park
Haggerston
Cambridge Heath Road
Grove Road
King's Cross Station
. Pancras ation
City Road
Shoreditch
Bethnal Green
Finsbury
Old Street
St. Luke's
Clerken-well
Mile End Road
British Museum
Seite 132 | 133
Spitalfields
Whitechapel Road
Seite 134 | 135
City
Liverpool St Station
High Holborn
London Wall
Stepney
Royal Opera House
Commercial Road
St. Paul's Cathedral
Cannon St. Station
Fenchurch St Station
Shadwell
Strand
Upper Thames St.
The Highway
Waterloo Bridge
Blackfriars Bridge
The Tower
Tate Modern
National Theatre
Borough High St
Tower Bridge
Wapping
River Thames
London Eye
London Br. Station
Waterloo Station
Seite 140 | 141
Seite 142 | 143
Jamaica Road
Houses of Parliament
Rother-hithe
Dock
Newington
Tower Bridge Road
Lower Road
Southwark Park
New Kent Rd.
Bermondsey
Lambeth Bridge
Lambeth
Kennington Park Road
Walworth Road
Evelyn Street
Old Kent Road
Kenning-ton
Walworth
The Oval
Camberwell
Deptford
Camberwell New Road
New Cross Road
Peckham Road
Queen's Road
Clapham Road
Brixton Road
Greenwich
2
3
5
6
8
9

KILBURN
KENSAL RISE
WEST KILBURN
WESTBOURNE GREEN
Queen's Park
Kilburn Pk.
Queen's Park Sta.
Kilburn High Road Sta.
Kilburn High Road
Paddington Cemetery
Royal London Soc. for the Blind
Queen's Park
Kingswood Avenue
Salusbury Road
Winchester Av.
Brondesbury Road
Brondesbury Villas
Kilburn Park Road
Cambridge Rd.
Cambridge Av.
Carlton Vale
Carlton Vale Inf. School
Lane
Fernhead Road
Shirland Road
Harrow Road
Grand Union Canal
Elgin Av.
Walterton Road
Chippenham Road
Sutherland Av.
Queen's Park Gardens
Jubilee Sports Centre
Sports Athletics Track
College
Paddington Comm.
Ascot Estate
Kilburn Vale Estate
Kilburn Sq.
Quex Road
Tennyson Road
Donaldson Road
Chichester Rd.
Princess Road
Granville Rd.
Oxford Road
Malvern Rd.
Essendine Road
Morshead Road
Wymering Rd.
Widley Rd.
Lanhill Rd.
Goldney Rd.
Edbrooke Rd.
Chippenham Ms.
Fermoy Road
Hormead Road
Appleford Rd.
Wornington
Elkstone
4003
404
414
206
36
32
Bakerloo

128

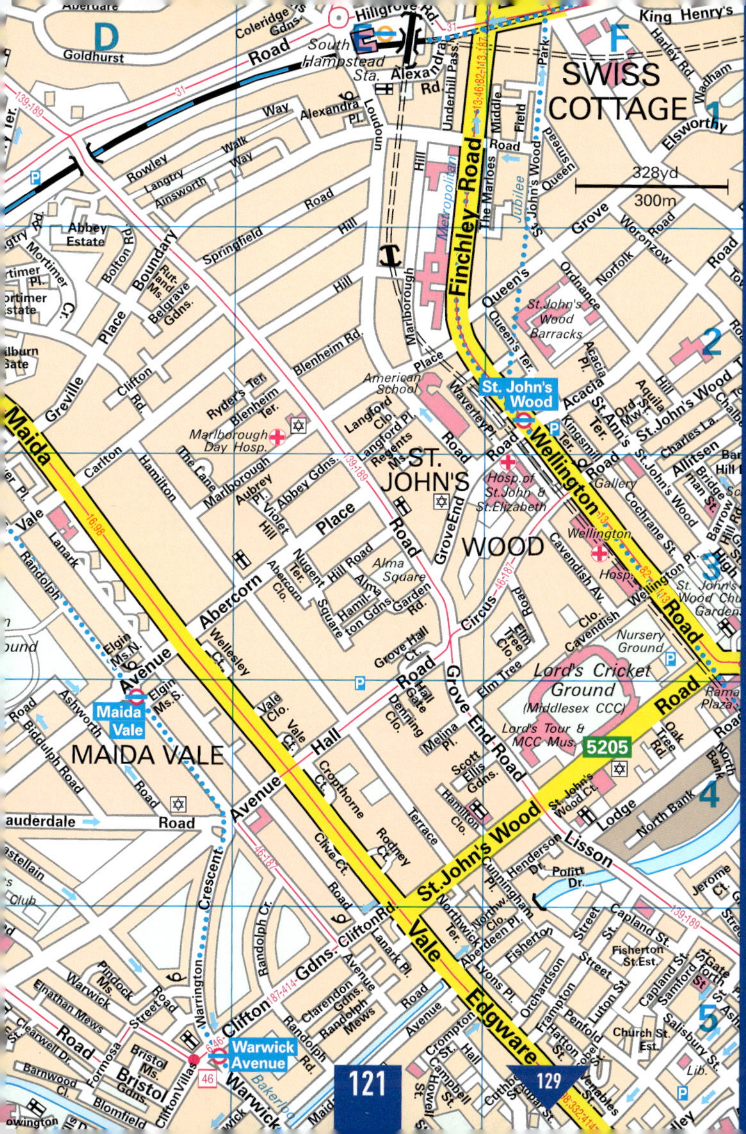
D
E
F
1
2
3
4
5
SWISS COTTAGE
ST. JOHN'S WOOD
MAIDA VALE
South Hampstead Sta.
St. John's Wood
Maida Vale
Warwick Avenue
328yd
300m
Lord's Cricket Ground (Middlesex CCC)
Lord's Tour & MCC Mus.
Nursery Ground
St. John's Wood Barracks
American School
Marlborough Day Hosp.
Hosp. of St. John & St. Elizabeth
Wellington Hosp.
Abbey Estate
Alma Square
Rama Plaza
St. John's Wood Church Gardens
Fisherton St. Est.
Church St. Est.
Lib.
5205
Finchley Road
Wellington Road
St. John's Wood Road
Maida Vale
Edgware Road
Grove End Road
Hall Road
Abercorn Place
Boundary Road
Springfield Road
Alexandra Road
Hillgrove Rd.
Goldhurst
Coleridge Gdns.
Loudoun Road
Marlborough Hill
Queen's Grove
Acacia Road
Avenue Road
Carlton Vale
Lisson Grove
Lodge Road
Clifton Gdns.
Clifton Rd.
Warwick Avenue
Randolph Avenue
Elgin Avenue
Lauderdale Road
Warrington Crescent
Blomfield Road
Bristol Gdns.
Formosa Street
Cunningham Pl.
Aberdeen Pl.
Orchardson Street
Frampton Street
Capland St.
Penfold St.
Luton St.
Salisbury St.
Jerome Ct.
North Bank
King Henry's
Elsworthy
Norfolk Road
Woronzow Road
Ordnance Hill
Cavendish Av.
Circus Road
Elm Tree Rd.
Hamilton Terrace
Greville Place
Blenheim Rd.
Langford Pl.
Waverley Pl.
Jubilee
Metropolitan
Bakerloo
121
129

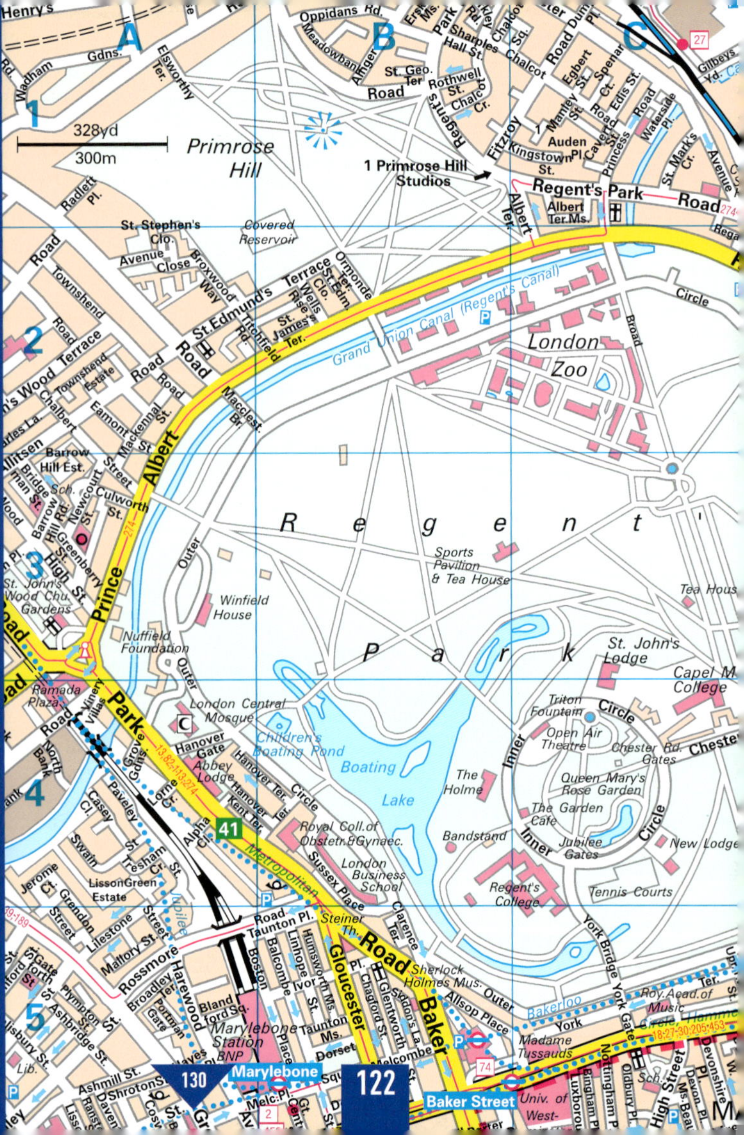
A
B
C
1
2
3
4
5
328yd
300m
Primrose Hill
1 Primrose Hill Studios
Oppidans Rd.
Meadowbank
Elsworthy Ter.
Wadham Gdns.
Henry's
Radlett Pl.
St. Stephen's Clo.
Avenue Close
Broxwood Way
Covered Reservoir
Townshend Road
Townshend Estate
St. Edmund's Terrace
Ormonde Ter.
Wells Rise
St. James's Ter.
Titchfield Rd.
Macclesfield Br.
Albert Road
Prince Albert Road
Regent's Park Road
Albert Ter.
Albert Ter. Ms.
Fitzroy Rd.
Kingstown St.
Auden Pl.
Egbert St.
Chalcot Road
Chalcot Sq.
Chalcot Cr.
Sharpleshall St.
Rothwell St.
Regent's Park Rd.
St. Geo. Ter.
Gilbeys Yd.
Princess Road
Edis St.
Manley St.
St. Mark's Cr.
Gloucester Avenue
Grand Union Canal (Regent's Canal)
London Zoo
Outer Circle
Broad Walk
Regent's Park
Sports Pavilion & Tea House
Tea House
Winfield House
Nuffield Foundation
London Central Mosque
Children's Boating Pond
Boating Lake
St. John's Lodge
Capel Manor College
Triton Fountain
Open Air Theatre
Chester Rd. Gates
Queen Mary's Rose Garden
The Garden Cafe
Jubilee Gates
Inner Circle
The Holme
Bandstand
Regent's College
New Lodge
Tennis Courts
York Bridge
Royal Coll. of Obstetr. & Gynaec.
London Business School
Sussex Place
Hanover Gate
Hanover Ter.
Kent Ter.
Abbey Lodge
Clarence Ter.
St. John's Wood Chu. Gardens
St. John's Wood High St.
Barrow Hill Est.
Barrow Hill Rd.
Newcourt St.
Greenberry St.
Culworth St.
Mackennal St.
Eamont St.
Charlbert St.
Allitsen Road
Townshend Road
Ramada Plaza
Park Road
Viner Villas
Grove Gdns.
Lorne Cl.
Alpha Cl.
North Bank
Paveley St.
Casey Cl.
Swain St.
Tresham Cr.
Lisson Green Estate
Jerome Ct.
Grendon Street
Lilestone St.
Mallory St.
Rossmore Road
Harewood Av.
Broadley Ter.
Taunton Pl.
Boston Pl.
Balcombe St.
Linhope St.
Ivor Pl.
Hunsworth Ms.
Gloucester Pl.
Chagford St.
Glentworth St.
Siddons La.
Dorset Sq.
Taunton Ms.
Melcombe St.
Baker Street
Sherlock Holmes Mus.
Allsop Place
Steiner Th.
Metropolitan
Jubilee
Bakerloo
Marylebone Station
Marylebone
Bland ford Sq.
Madame Tussauds
York Gate
Nottingham Pl.
Bingham Pl.
Luxborough St.
Oldbury Pl.
High Street
Devonshire Pl.
Roy. Acad. of Music
Univ. of West-
Ashmill St.
Shroton St.
Plympton St.
Ashbridge St.
Salisbury St.
Lib.
Sch.
41
27
74
13,82,113,274
18,27,30,205,453
274
139,189
130

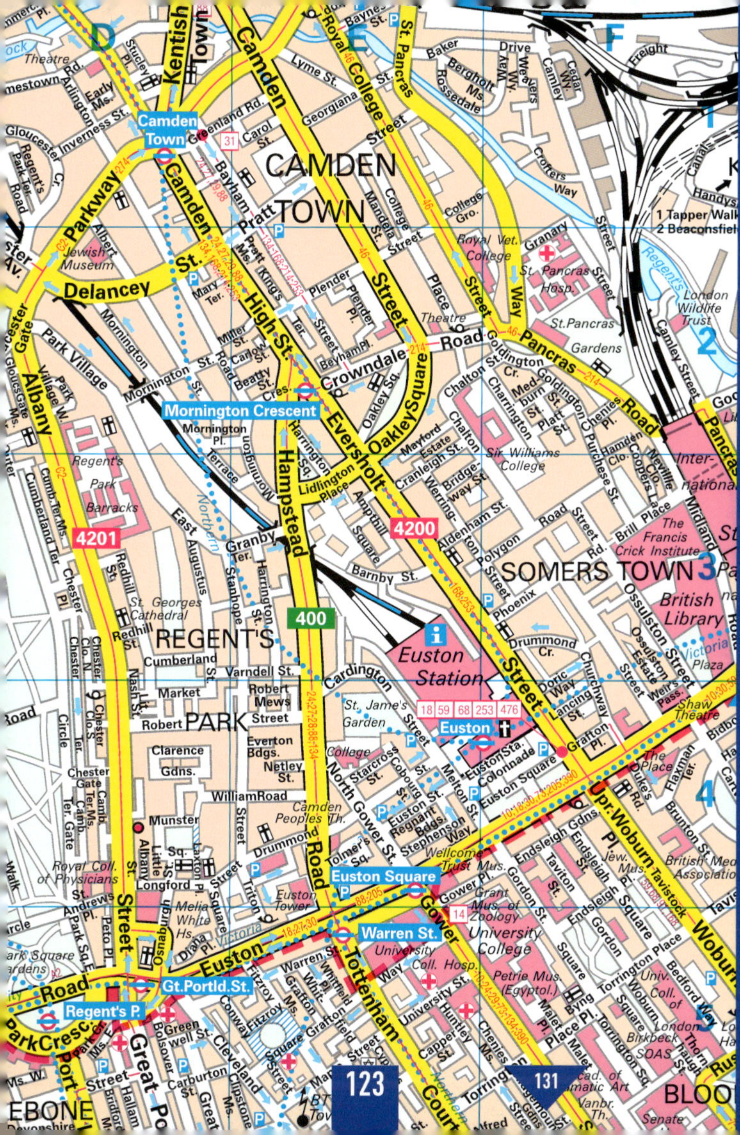
D
E
F
CAMDEN TOWN
SOMERS TOWN
REGENT'S PARK
Camden Town
Mornington Crescent
Euston
Euston Square
Warren St.
Gt.Portld.St.
Regent's P.
Kentish Town
Camden Street
Camden High St.
Royal College Street
St. Pancras Way
Parkway
Delancey St.
Jewish Museum
Albany Street
Hampstead Road
Eversholt Street
Oakley Square
Crowndale Road
Pancras Road
Euston Road
Tottenham Court
Gower Street
Upr. Woburn Pl.
Euston Station
British Library
London Wildlife Trust
St. Pancras Gardens
St. Pancras Hosp.
Royal Vet. College
Sir Williams College
The Francis Crick Institute
Regent's Park Barracks
St. Georges Cathedral
Cumberland Market
Robert Street
Clarence Gdns.
William Road
Drummond Street
Camden Peoples Th.
St. James's Garden
Wellcome Trust Mus.
Grant Mus. of Zoology
University College
Univ. Coll. Hosp.
Petrie Mus. (Egyptol.)
Euston Tower
Royal Coll. of Physicians
Park Square Gardens
Park Cresc.
Great Portland Street
Fitzroy Square
Tavistock Square
Woburn Place
Gordon Square
Torrington Place
Birkbeck
SOAS
Univ. Coll. of London
British Med. Association
The Place
Shaw Theatre
Victoria Plaza
Ossulston Street
Chalton St.
Phoenix Road
Doric Way
Churchway
Endsleigh Gdns.
Grafton Pl.
Cardington Street
Granby Ter.
Mornington Terrace
Harrington Sq.
Lidlington Place
Ampthill Square
Barnby St.
Midland Road
Camley Street
Goldington Cr.
Plender St.
Pratt St.
Bayham St.
Greenland Rd.
Arlington Rd.
Inverness St.
Georgiana St.
Lyme St.
Baker
Drive Way
Granary
Crofters Way
College Gro.
Mandela St.
Freight
Regent's
1 Tapper Walk
2 Beaconsfield
Inter-national
Northern
Victoria
4201
4200
400
18 59 68 253 476
1
2
3
4
5

131

A
B
C
1
2
3
4
5
KING'S CROSS
Lewis Cubitt Park
Handyside
328yd
300m
Canal Reach
Rubicon Court
School
University of the Arts
London Wildlife Trust
Camley Nature Park
Camley Street
Stable Street
Granary Sq.
Wharf Rd.
Canal
Goods Way
King's Place
Battlebridge Basin
King's Cross Theatre
King's Cross Central
Pancras Sq.
Lib.
Pancras Rd.
Inter-national
Midland Rd.
The Francis Crick Institute
St. Pancras International
British Library
King's Cross Station
Battle Bridge Pl.
Courtyd. Th.
45 63
10 59
King's Cross St.Pancras
259
Caledonia St.
Omega Pl.
Railway St.
Balfe St.
Wharfdale Rd.
Caledonian Road
York Way
York Way Court
Copenhagen St.
Randells Road
Bingham Park
Stranraer Way
Earlsferry Way
Bemerton Street
Bridgeman Rd.
Thornhill Square
Richmond
Stanmore St.
Twyford St.
Naish Court
Bindfield
Havelock St.
Outram Pl.
Delhi St.
Pembroke St.
Gifford St.
Rufford St.
Boadicea St.
Treaty Street
Edward Square
Canal Mus.
All Saints St.
New Wharf Rd.
Killick St.
Crinan St.
Southern St.
Nursery
Calshot St.
Collier St.
Northdown St.
Matilda St.
Everilda St.
Hemingford Road
Barnard Park
Pulteney Ter.
Lofting Rd.
Lambert St.
Ripplevale Grove
Richmond Cr.
Malvern Ter.
Albion Ms.
Barnsbury
Lonsdale Sq.
Avenue
Dowrey St.
Stonefield St.
Cloudesley Rd.
Cloudesley Sq.
Cloudesley St.
Cloudesley Pl.
A. Scher Th.
Barnsbury Estate
Carnegie Street
Charlotte Ter.
Cave St.
Barnsbury Road
School
Denmark Gro.
Dignum St.
White Conduit St.
Batchelor St.
Ritchie St.
Dewey Rd.
Maygood St.
Tolpuddle St.
394
Chapel Mkt.
Fife Ter.
Muriel St.
Wynford Road
Priory Green Estate
Rodney St.
Risinghill St.
College
Penton Street
White Lion St.
Pentonville
Penton Gro.
Baron St.
Donegal St.
Cynthia St.
Hermes St.
St. John Grimaldi Park
Cumming St.
Weston St.
Northern
Pentonville Road
Penton Rise
Rise Loren. zo St.
King's Cross Road
Victoria
Thameslink Sta.
Leeke St.
Britannia St.
Wicklow St.
Swinton St.
Acton St.
Gray's Inn Road
Bevin Court
Bevin Way
Holford Pl.
Cruikshank St.
Amwell St.
Lloyd Square
Claremont Sq.
Claremont Clo.
Inglebert St.
River St.
Great Percy St.
Percy Circus
Prideaux Pl.
Lloyd St.
Lloyd Ms.
Lloyd Sq.
Lloyd Baker St.
Wharton St.
Granville Sq.
Granville St.
Myddelton
FINSBURY
Fernsbury St.
St. Helena St.
Wilmington Square
Merlin St.
Hardwick St.
Tysoe St.
Margery St.
Yardley St.
Attneave St.
Easton St.
Exmouth Market
Pine St.
Northampton
Farringdon Road
Mount Pleasant Mail Centre & Postal Museum
Phoenix Pl.
Calthorpe St.
Gough St.
Langton Clo.
Pakenham St.
Circle Metropolitan
St. Chad's St.
St. Chad's Pl.
Argyle St.
Argyle Sq.
Birkenhead St.
Belgrove St.
Whidborne St.
Tonbridge St.
Euston Road
Town Hall
Shaw Theatre
Judd St.
Bidborough St.
Hastings St.
Thanet St.
Sandwich St.
Cartwright Gardens
Leigh St.
Cromer St.
Harrison St.
Regent Square
Sidmouth St.
Heathcote St.
College
Seaford St.
Frederick St.
Ampton St.
Cubitt St.
5200
ST. PANCRAS
Eastman Dental Hosp.
Nose & Ear Hosp.
Wren St.
St. Andrew's Gdns.
Mecklenburgh Square
Wolfson Ctr.
St. George's Gdns.
Foundling Museum
Coram's Fields
Sch. of Pharmacy
Handel St.
Hunter St.
Wakefield St.
Marchmont Street
Tavistock Place
Herbrand St.
British Medical Association
Brunton Pl.
Flaxman Ter.
Woburn Place
Tavistock Sq.
Coram St.
Brunswick Centre
Brunswick Square
Bernard St.
Russell Square
Grenville St.
Guilford St.
Lansdowne Ter.
Ormond Mews
National Hosp. for Sick Children
Great Ormond St.
Queen Square
Powis Pl.
Lamb's Conduit St.
Mecklenburgh Pl.
Doughty Street
Doughty Mews
Dickens Ho.
Millman St.
Long Yd.
Roger St.
John St.
John's Mews
Northington St.
Kings Ms.
North Ms.
Theobalds Road
Brownlow Ms.
Coley St.
CLERKENWELL
L.T.M.
Elm St.
Pleasant Pl.
Mt. Pleasant
Rosebury Ave.
Laystall St.
Warner St.
Eyre St. Hill
Back Hill
Ray St.
Clerkenwell Road
London Weather Centre
Portpool Lane
Leather Lane
Hatton
Topham St.
Baker's Row
Vine Hill
Bowling
Hammond
Cockpit Yd.
Emerald St.
Gt. James St.
Logan Hall
London Thornhaugh St.
Bedford Way
Univ. Coll.
BLOOMSBURY
Senate
Russell Square
7 188
132
124

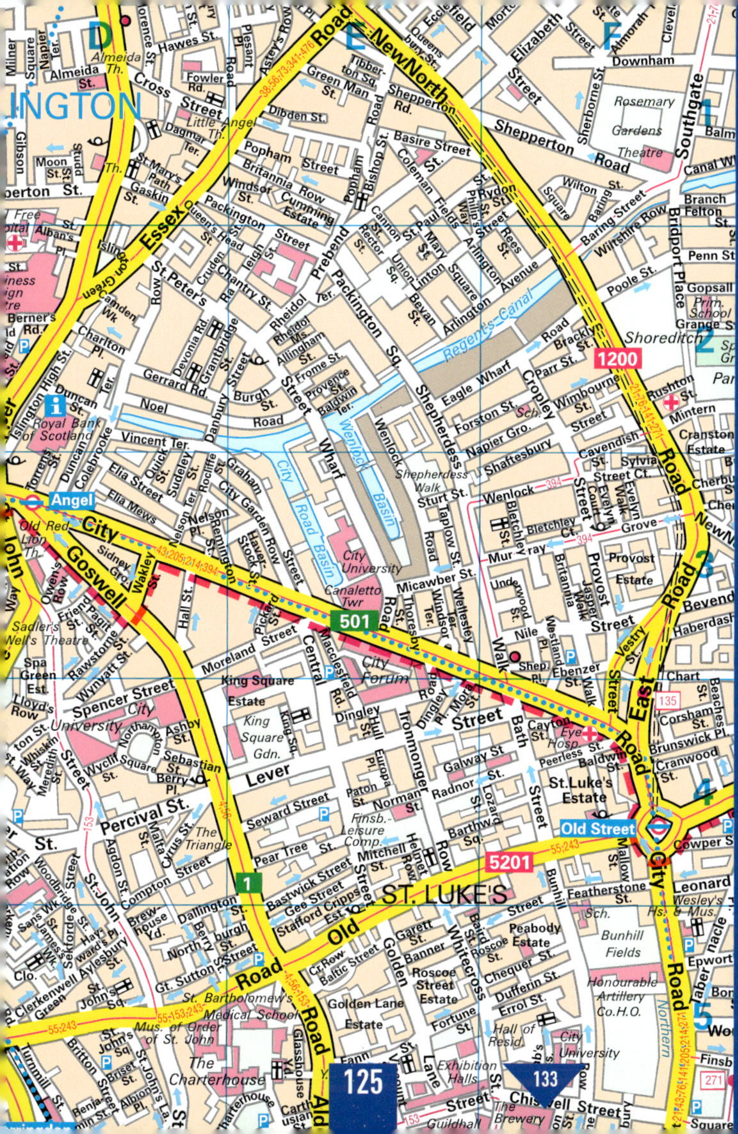
D
E
F
INGTON
New North Road
Essex Road
Almeida Th.
Cross Street
Little Angel Th.
Popham Street
Britannia Row
Cumming Estate
Packington Street
Prebend St.
Shepperton Road
Basire Street
Coleman Fields
Arlington Avenue
Rosemary Gardens
Theatre
Southgate
Canal Wharf
Branch
Felton St.
Penn St.
Bridport Place
Baring Street
Wiltshire Row
Poole St.
Gopsall
Prim. School
Grange St.
Shoreditch
Regent's Canal
Packington Sq.
Shepherdess Walk
Eagle Wharf
Cropley
Wimbourne
Rushton St.
Mintern
Cranston Estate
Islington High St.
Royal Bank of Scotland
Noel Road
Vincent Ter.
Duncan St.
Colebrooke
Wenlock Basin
City Road Basin
Wharf
Wenlock
Shepherdess Walk
Sturt St.
Napier Gro.
Shaftesbury
Cavendish St.
Sylvia Ct.
Evelyn Walk
Wenlock
Bletchley
Grove
Angel
City
Goswell
Old Red Lion Th.
Sadler's Well's Theatre
City University
Canaletto Twr
Micawber St.
Provost Estate
Provost Street
Britannia Walk
Nile
Shep. Pl.
Vestry St.
East Road
Haberdasher
1200
501
1
5201
135
271
394
Moreland Street
Central
City Forum
King Square Estate
King Square Gdn.
Spencer Street
City University
Northampton Square
Sebastian St.
Lever
Seward Street
Percival St.
The Triangle
Dingley Rd.
Ironmonger Row
Galway St
Radnor St.
Lozard
Bath Street
Cayton St.
Eye Hosp.
St. Luke's Estate
Old Street
Mallow St.
City Road
Cowper St.
Leonard
Wesley's Hs. & Mus.
Finsb. Leisure Comp.
Mitchell St.
Norman St.
Helmet Row
Bunhill Row
Featherstone St.
Bunhill Fields
Peabody Estate
ST. LUKE'S
Old Road
Whitecross
Golden Lane Estate
Banner St.
Roscoe Street Estate
Chequer St.
Dufferin St.
Errol St.
Honourable Artillery Co.H.O.
Northern
Hall of Resid.
City University
Exhibition Halls
Fortune St.
Tabernacle
Epworth
Dallington St.
Compton Street
Clerkenwell Green
Aylesbury St.
St. John's Sq.
St. Bartholomew's Medical School
Mus. of Order of St. John
The Charterhouse
Charterhouse
Glasshouse Yd.
Turnmill St.
Britton Street
Chiswell Street
The Brewery
Guildhall
Aldersgate
125
133

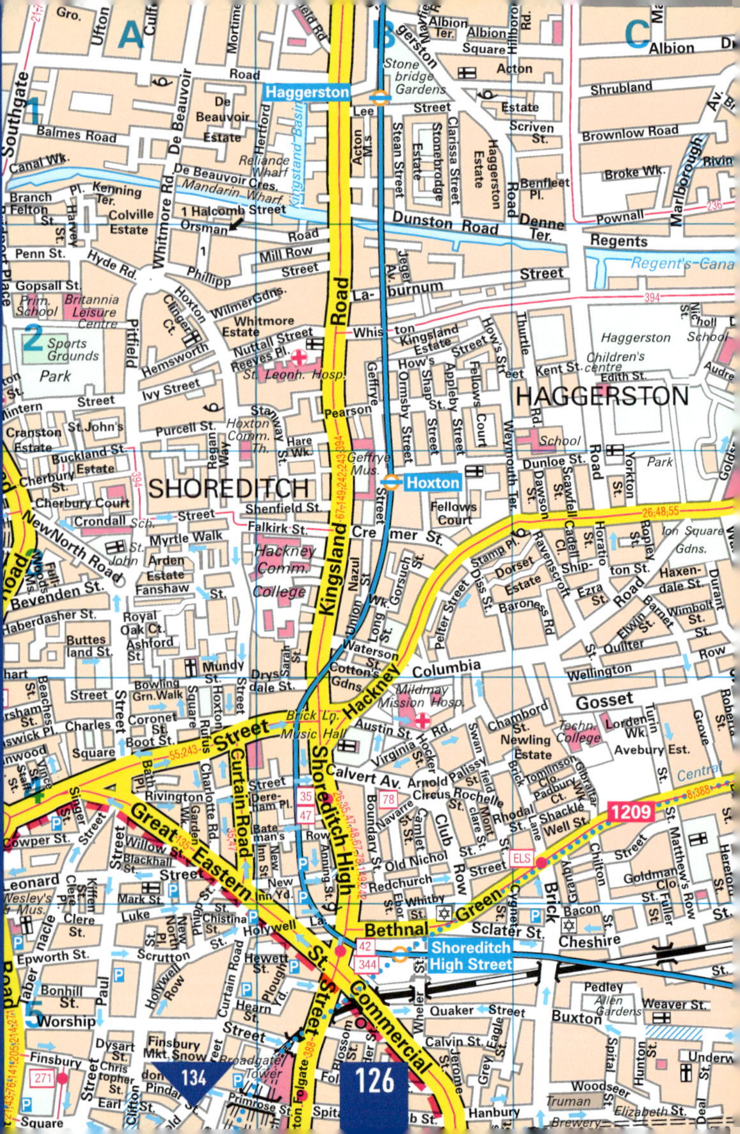
A
B
C
1
2
3
4
5
Haggerston
Hoxton
Shoreditch High Street
HAGGERSTON
SHOREDITCH
Regent's Canal
Kingsland Basin
Kingsland Road
Hackney Road
Shoreditch High Street
Great Eastern Street
Old Street
Commercial Street
Bethnal Green Road
New North Road
Curtain Road
Southgate Road
Balmes Road
Canal Wk.
De Beauvoir Estate
De Beauvoir Rd.
De Beauvoir Cres.
Mortimer Road
Hertford Road
Reliance Wharf
Mandarin Wharf
Halcomb Street
Orsman Road
Mill Row
Phillipp Street
Whitmore Rd.
Whitmore Estate
Wilmer Gdns.
Nuttall Street
Reeves Pl.
St. Leonh. Hosp.
Hoxton Street
Clinger Ct.
Pitfield Street
Hemsworth Street
Ivy Street
Purcell St.
Regan Way
Hoxton Comm. Th.
Stanway St.
Hare Wk.
Pearson Street
Geffrye Mus.
Geffrye Street
Kenning Ter.
Colville Estate
Branch Pl.
Felton St.
Harvey St.
Penn St.
Hyde Rd.
Gopsall St.
Prim. School
Britannia Leisure Centre
Sports Grounds
Park
Mintern Street
Cranston Estate
St. John's Estate
Buckland St.
Cherbury St.
Cherbury Court
Crondall Street
Sch.
Myrtle Walk
Arden Estate
St. John
Fanshaw St.
Shenfield St.
Falkirk St.
Hackney Comm. College
Bevenden St.
Haberdasher St.
Royal Oak Ct.
Ashford St.
Buttesland St.
Mundy St.
Drysdale St.
Sarah St.
Bowling Grn. Walk
Hoxton Square
Coronet St.
Boot St.
Charles Square
Rufus St.
Bath Pl.
Charlotte Rd.
Rivington Street
Garden Wk.
Singer St.
Cowper St.
Willow St.
Blackhall St.
Leonard Street
Wesley's Mus.
Tabernacle St.
Clere St.
Kiffen St.
Mark St.
Paul Street
Luke Street
Epworth St.
Scrutton St.
Holywell Row
Bonhill St.
Worship Street
Christina St.
Holywell La.
Hewett St.
Plough Yd.
Hearn St.
Curtain Road
Dysart St.
Finsbury Mkt.
Snowden St.
Chris topher St.
Pindar St.
Earl St.
Clifton St.
Finsbury Square
Broadgate Tower
Primrose St.
Folgate St.
Spital St.
Blossom St.
Dere-ham Pl.
Bateman's Row
New Inn Yd.
New Inn St.
Anning St.
Brick Ln. Music Hall
Albion Ter.
Albion Square
Hillsboro Rd.
Acton Estate
Stonebridge Gardens
Lee Street
Acton M.s
Stean Street
Stonebridge Estate
Clarissa Street
Haggerston Estate
Haggerston Road
Scriven St.
Shrubland Road
Brownlow Road
Broke Wk.
Marlborough Av.
Benfleet Pl.
Denne Ter.
Dunston Road
Pownall Road
Regents Row
Laburnum Street
Whiston Road
Kingsland Estate
How's Street
Ormsby Street
Shap St.
Appleby Street
Fellows Court
Weymouth Ter.
Thurtle Rd.
Kent St.
Edith St.
Haggerston Children's centre
Haggerston School
Nicholl St.
Audrey St.
School
Dunloe St.
Dawson St.
Scawfell St.
Yorkton St.
Park
Goldsmith's Row
Cremer St.
Nazul St.
Union Wk.
Gorsuch St.
Long St.
Waterson St.
Cotton's Gdns.
Stamp Pl.
Diss St.
Dorset Estate
Ravenscroft St.
Cadell Cl.
Horatio St.
Ropley St.
Ion Square Gdns.
Shipton St.
Ezra St.
Baroness Rd
Pelter Street
Columbia Road
Haxendale St.
Durant St.
Wimbolt St.
Elwin St.
Barnet Gr.
Quilter St.
Wellington Row
Gosset St.
Turin St.
Grove
Roberta St.
Mildmay Mission Hosp.
Austin St.
Virginia Rd.
Hocker St.
Swanfield St.
Chambord St.
Newling Estate
Techn. College
Lorden Wk.
Avebury Est.
Central
Calvert Av.
Arnold Circus
Palissy St.
Rochelle St.
Montclare St.
Navarre St.
Camlet St.
Boundary St.
Club Row
Rhodal St.
Brick Lane
Tomlinson Clo.
Padbury Ct.
Gibraltar Wk.
Shackle Well St.
Chilton Street
Goldman Clo.
St. Matthew's Row
Hereford St.
Fuller St.
Old Nichol St.
Redchurch St.
Ebor St.
Whitby St.
Sclater St.
Cygnet St.
Grimsby St.
Bacon St.
Cheshire St.
Pedley St.
Allen Gardens
Weaver St.
Buxton St.
Quaker Street
Wheler St.
Calvin St.
Eagle St.
Grey Eagle St.
Jerome St.
Spital St.
Hunton St.
Woodseer St.
Underwood Rd.
Truman Brewery
Hanbury St.
Elizabeth St.
Deal St.
Fol
Spita
ELS
1209
35
47
42
344
78
271
236
394
134
126

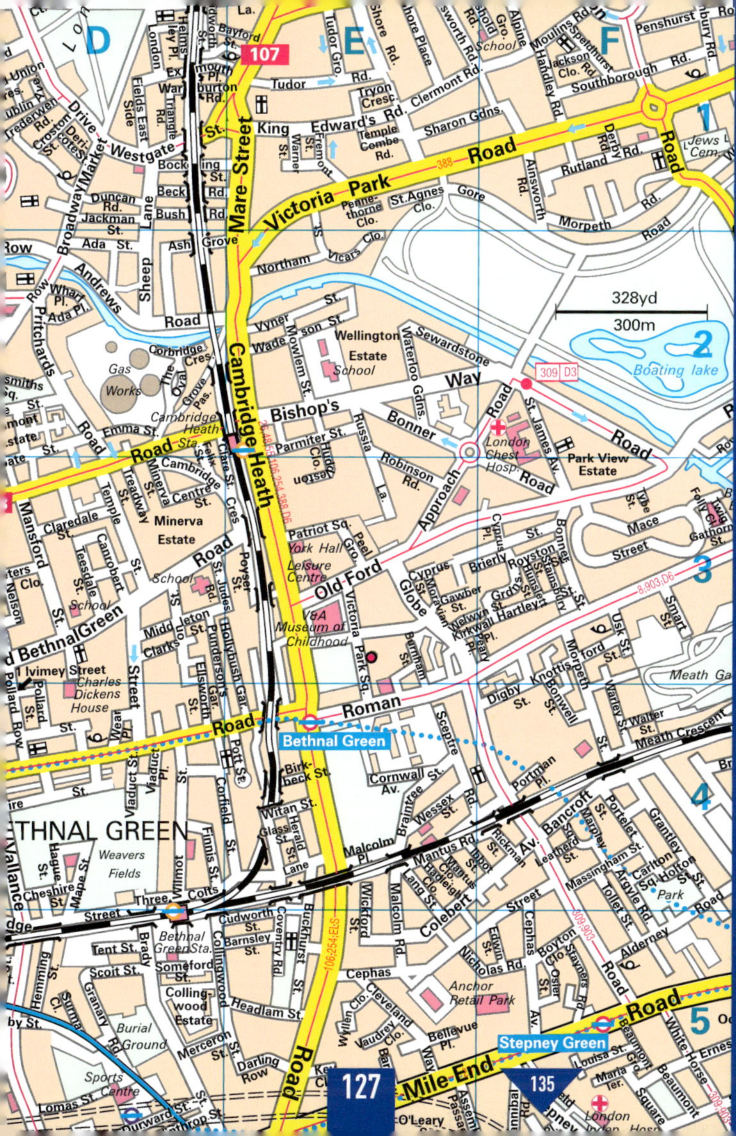
D
E
F
1
2
3
4
5
107
Mare Street
Cambridge Heath
Victoria Park Road
Road
Westgate St.
Broadway Market
Andrews Road
Pritchards
Gas Works
Corbridge Cres.
The Oval
Grove Pas.
Cambridge Heath Sta.
Emma St.
Hackney Road
Minerva Estate
Mansford St.
Claredale St.
Temple St.
Teesdale St.
Canrobert St.
School
Old Bethnal Green Road
Ivimey Street
Charles Dickens House
Pollard Row
Bethnal Green
Roman Road
Witan St.
Birkbeck St.
Herald St.
Glass St.
Cornwall Av.
Braintree St.
Wessex St.
Malcolm Pl.
Mantus Rd.
Colebert
BETHNAL GREEN
Weavers Fields
Cheshire St.
Three Colts
Vallance
Tent St.
Brady
Scott St.
Granary
Burial Ground
Sports Centre
Lomas St.
Bethnal Green Sta.
Cudworth St.
Barnsley St.
Collingwood
Coventry Rd.
Buckhurst St.
Somerford St.
Collingwood Estate
Headlam St.
Merceron St.
Darling Row
Cephas Av.
Cleveland
Anchor Retail Park
Bellevue Pl.
Vaudrey Clo.
Wyllen Clo.
Stepney Green
Mile End Road
O'Leary
London Hosp.
Beaumont Sq.
White Horse Road
Maria Ter.
Louisa St.
Nicholas Rd.
Edwin St.
Boyton Clo.
Stayners Rd.
Alderney Road
Massingham St.
Tollet St.
Argyle Rd.
Carlton Sq.
Holton St.
Park
Grantley St.
Portelet Rd.
Bancroft Rd.
Leatherdale St.
Rickman St.
Ibbott St.
Portman Pl.
Sceptre Rd.
Meath Crescent
Walter St.
Digby St.
Bonwell St.
Knottisford St.
Morpeth St.
Usk St.
Smart St.
Meath Gardens
Hartley St.
Kirkwall Pl.
Welwyn St.
Gawber St.
Globe Rd.
Cyprus St.
Brierly
Royston St.
Bonner St.
Mace Street
Tybe St.
Gathorne St.
Folly Cl.
Twig
Old Ford Road
Patriot Sq.
Peel Gro.
York Hall Leisure Centre
V&A Museum of Childhood
Victoria Park Sq.
Burnham St.
Bishop's Way
Parmiter St.
Russia La.
Robinson Rd.
Approach
Bonner Road
London Chest Hosp.
St. James Av.
Park View Estate
Sewardstone Road
Wellington Estate
School
Waterloo Gdns.
Mowlem St.
Wadeson St.
Vyner St.
Northam St.
Vicars Clo.
Pennethorne Clo.
St. Agnes Clo.
Gore Road
Morpeth Road
Ainsworth Rd.
Rutland Rd.
Derby Rd.
Jews Cem.
Southborough Rd.
Penshurst Rd.
Moulins Rd.
Handley Rd.
Jackson Clo.
Speldhurst Rd.
Sharon Gdns.
Clermont Rd.
King Edward's Rd.
Temple Combe Rd.
Tryon Cresc.
Tudor Rd.
Tudor Gro.
Bayford St.
Warburton Rd.
Triangle Rd.
Fields East Side
London Lane
Sheep Lane
Duncan Rd.
Jackman St.
Ada St.
Wharf Pl.
Ada Pl.
Ash Grove
Northam St.
Boating lake
328yd
300m
309 D3
388
127
135

120

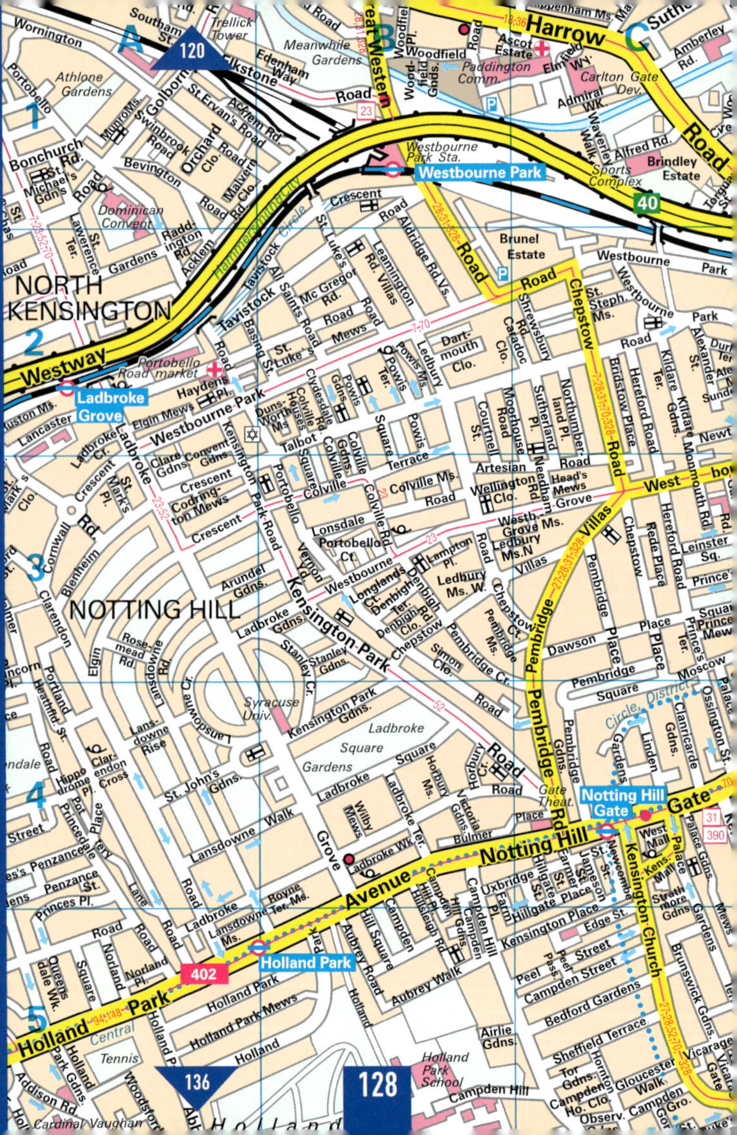
NORTH KENSINGTON
NOTTING HILL
Westway
Harrow Road
Westbourne Park
Ladbroke Grove
Notting Hill Gate
Holland Park
Holland Park Avenue
Notting Hill Gate
Kensington Church St.
Pembridge Rd
Pembridge Villas
Chepstow Road
Westbourne Park Road
Westbourne Grove
Kensington Park Road
Ladbroke Grove
Portobello Road
Portobello Road market
Golborne Rd.
Elkstone Rd.
Trellick Tower
Meanwhile Gardens
Paddington Comm.
Westbourne Park Sta.
Brunel Estate
Brindley Estate
Sports Complex
Dominican Convent
Athlone Gardens
Wornington Rd.
Southam St.
Great Western Road
Lancaster Rd.
Elgin Cres.
Arundel Gdns.
Ladbroke Square Gardens
Kensington Park Gdns.
Stanley Gdns.
Ladbroke Sq.
Lansdowne Rd.
St. John's Gdns.
Clarendon Rd.
Portland Rd.
Pembridge Square
Pembridge Cres.
Chepstow Villas
Ledbury Rd.
Colville Rd.
Talbot Rd.
All Saints Road
Tavistock Rd.
Campden Hill Rd.
Kensington Place
Peel Street
Campden Street
Bedford Gardens
Sheffield Terrace
Aubrey Walk
Aubrey Road
Holland Park Mews
Holland Park School
Syracuse Univ.
Gate Theat.
Central
Tennis
Addison Rd.
Cardinal Vaughan
Palace Gdns.
Brunswick Gdns.
Moscow Rd.
Hereford Road
Leinster Sq.
Dawson Place
Linden Gdns.
Clanricarde Gdns.
Ossington St.
Circle, District
Hammersmith & City
Circle
23
40
402
31
390

136

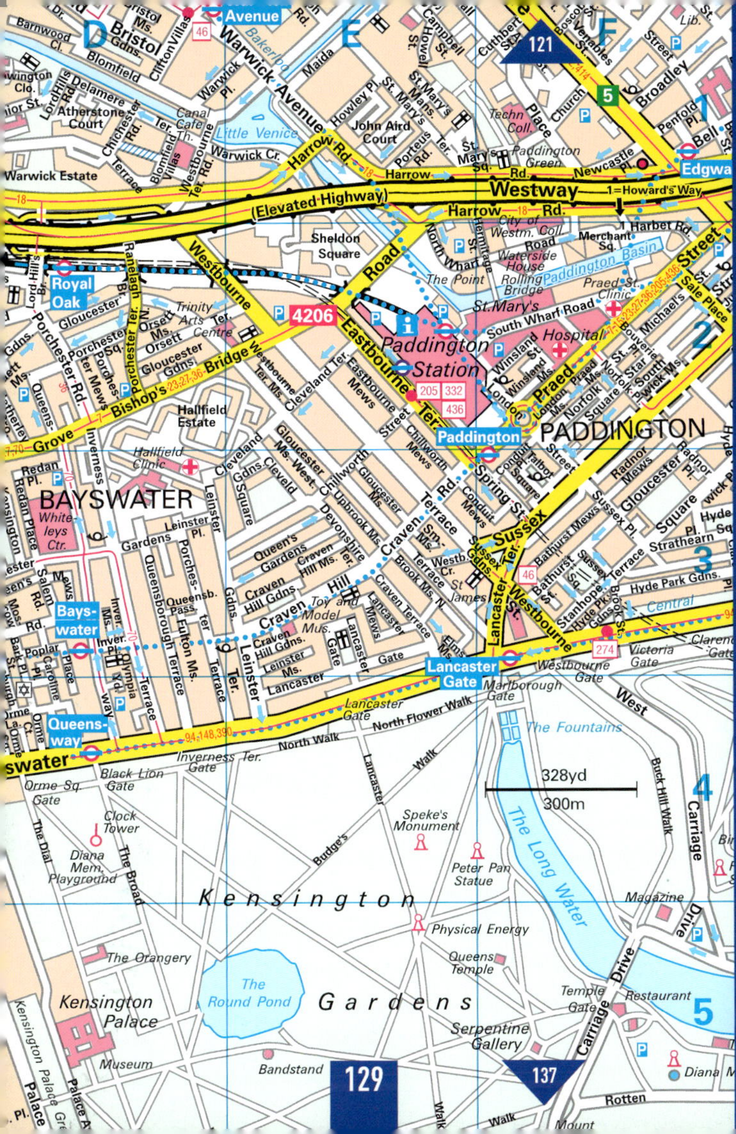

D
E
F
121
Warwick Avenue
Bristol Gdns.
Blomfield
Delamere
Atherstone Court
Chichester Rd.
Warwick Estate
Little Venice
Warwick Cr.
Harrow Rd.
John Aird Court
Techn Coll.
Paddington Green
Broadley
Church Place
Newcastle Pl.
Edgwa
Westway
(Elevated Highway)
1=Howard's Way
Harrow Rd.
City of Westm. Coll.
Merchant Sq.
Harbet Rd.
Sheldon Square
Paddington Basin
Westbourne
Royal Oak
Ranelagh Br.
Trinity Arts Centre
4206
The Point
Waterside House
Rolling Bridge
Praed St. Clinic
St. Mary's
South Wharf Road
Hospital
Paddington Station
205
332
436
Eastbourne Ter.
Gloucester Ter.
Porchester Sq.
Orsett Ter.
Bishop's Bridge
Hallfield Estate
Hallfield Clinic
Cleveland Ter.
Westbourne Ter. Ms.
Paddington
PADDINGTON
Praed
London
Winsland St.
Norfolk Square
Sussex Gdns.
Talbot Square
Spring St.
Grove
BAYSWATER
Whiteleys Ctr.
Redan Pl.
Inverness
Queensway
Leinster Gardens
Leinster Square
Queensborough Terrace
Porchester Ter.
Fulton Ms.
Queensb. Pass
Craven Hill Gdns.
Craven Hill
Queen's Gardens
Devonshire Ter.
Chilworth
Gloucester Sq.
Craven Terrace
Toy and Model Mus.
Lancaster Gate
Lancaster Ter.
Westbourne St.
Sussex
Bathurst
Stanhope Ter.
Hyde Park Gdns.
Strathearn Pl.
Hyde Park Sq.
Gloucester Square
Radnor Pl.
Central
Bayswater
Poplar Pl.
Caroline Place
Olympia Yd.
St James
274
Victoria Gate
Westbourne Gate
Marlborough Gate
North Flower Walk
North Walk
Bayswater
Inverness Ter. Gate
Black Lion Gate
Orme Sq. Gate
Clock Tower
Diana Mem. Playground
The Broad
The Dial
Lancaster Walk
Speke's Monument
Peter Pan Statue
The Fountains
The Long Water
328yd
300m
Buck Hill Walk
Carriage Drive
4
Kensington Gardens
Budge's
Physical Energy
Magazine
The Orangery
The Round Pond
Queens Temple
Kensington Palace
Museum
Temple Gate
Restaurant
Serpentine Gallery
Bandstand
5
Diana M
Rotten
Walk
Mount
Kensington Palace Gardens
129
137
2
3

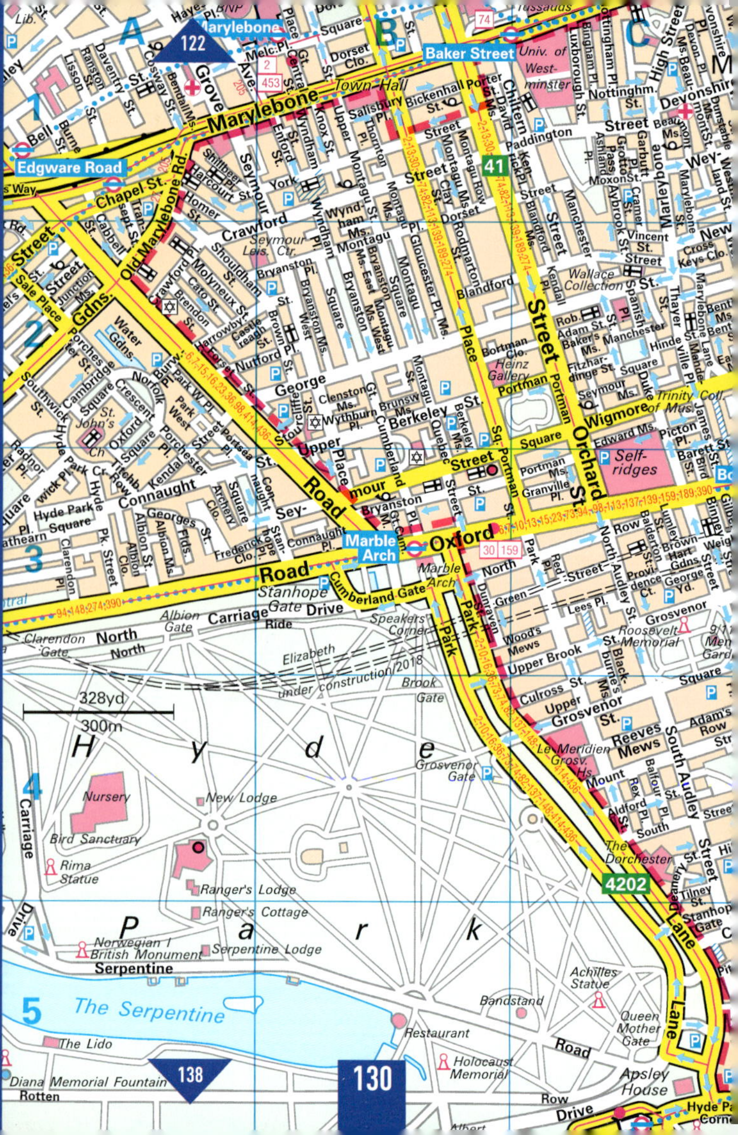
122
138
A
B
C
1
2
3
4
5
Marylebone
Baker Street
Edgware Road
Marble Arch
Univ. of Westminster
Town Hall
Marylebone
Edgware Road
Chapel St.
Old Marylebone Rd.
Seymour Place
Crawford
Seymour Leis. Ctr.
Bryanston Square
Montagu Square
Gloucester Pl.
Dorset
Blandford
Baker Street
George
Nutford Pl.
Harrowby St.
Castlereagh St.
Upper Berkeley St.
Seymour
Edgware Road
Wyndham Pl.
York St.
Bickenhall St.
Paddington Street
Chiltern St.
Manchester Square
Wallace Collection
Spanish Pl.
Marylebone Lane
Thayer St.
James St.
Bortman Clo.
Heinz Gallery
Portman Square
Portman St.
Portman Sq.
Orchard St.
Wigmore St.
Trinity Coll. of Mus.
Selfridges
Edward Ms.
Oxford Street
Marble Arch
North Row
Upper Brook St.
Upper Grosvenor St.
Green St.
North Audley St.
South Audley St.
Park Lane
Grosvenor Square
Roosevelt Memorial
Speakers' Corner
Cumberland Gate
Stanhope Gate
Connaught Square
Connaught St.
Hyde Park Square
Hyde Park Cr.
Sussex Gardens
Norfolk Crescent
Oxford Square
Cambridge Square
Porchester Pl.
Water Gdns.
Southwick St.
Albion St.
Clarendon Gate
North Carriage Drive
Albion Gate
Elizabeth
under construction 2018
Brook Gate
Grosvenor Gate
Woods Mews
Culross St.
Reeves Mews
Le Meridien Grosv. Hs.
Mount St.
Aldford St.
South St.
The Dorchester
Deanery St.
Tilney St.
Stanhope Gate
Hyde Park
New Lodge
Nursery
Bird Sanctuary
Rima Statue
Ranger's Lodge
Ranger's Cottage
Norwegian / British Monument
Serpentine Lodge
Serpentine
The Serpentine
The Lido
Diana Memorial Fountain
Rotten Row
Restaurant
Holocaust Memorial
Bandstand
Achilles Statue
Queen Mother Gate
Apsley House
Serpentine Road
Hyde Park Corner
Carriage Drive
328yd
300m
A41
A4202

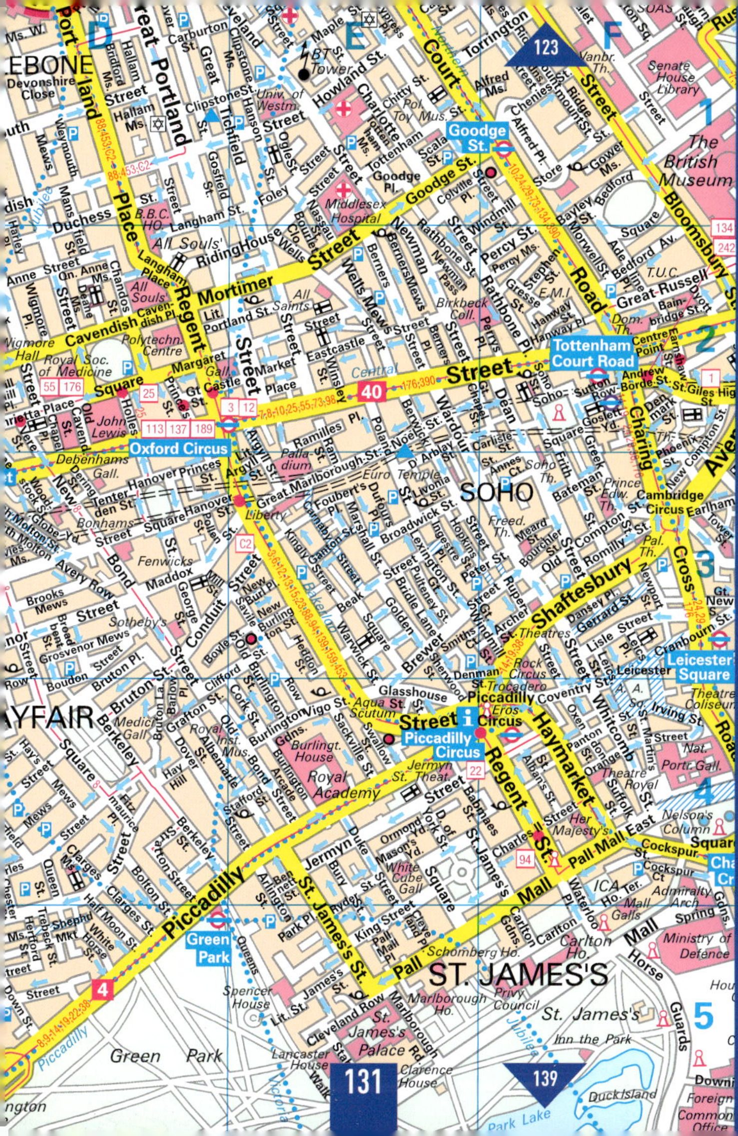
123
139
D
E
F
1
2
3
4
5
SOHO
ST. JAMES'S
MAYFAIR
Oxford Circus
Tottenham Court Road
Goodge St.
Piccadilly Circus
Leicester Square
Green Park
Regent Street
Oxford Street
Mortimer Street
Cavendish Square
Portland Place
Great Portland Street
Tottenham Court Road
Charing Cross Road
Shaftesbury Avenue
Piccadilly
Haymarket
Pall Mall
Pall Mall East
The Mall
Bloomsbury Street
Goodge St.
Howland St.
Charlotte Street
Newman Street
Berners Street
Wardour Street
Dean Street
Frith Street
Greek Street
Old Compton Street
Soho Square
Carnaby Street
Golden Square
Brewer St.
Beak Street
New Bond Street
Old Bond Street
Conduit Street
Bruton Street
Berkeley Square
Hanover Square
Jermyn Street
St. James's Square
St. James's St.
Coventry St.
Whitcomb Street
Cranbourn St.
Lisle Street
Gerrard St.
Leicester Square
Cockspur St.
Waterloo Pl.
Great Russell Street
Bedford Square
The British Museum
Senate House Library
Middlesex Hospital
BT Tower
Univ. of Westm.
Polytechn. Centre
All Souls
Royal Soc. of Medicine
John Lewis
Debenhams
Liberty
Fenwicks
Sotheby's
Royal Academy
Burlington House
Burlington Arcade
Trocadero
Eros
Theatre Royal
Her Majesty's Th.
Nat. Portr. Gall.
Nelson's Column
Trafalgar Square
Ministry of Defence
Horse Guards
St. James's Palace
Clarence House
Lancaster House
Spencer House
Marlborough Ho.
Schomberg Ho.
Carlton Ho.
ICA
Green Park
St. James's Park
Inn the Park
Duck Island
Park Lake
Jubilee
Victoria
Central
Bakerloo
Northern
Piccadilly
Euro Temple
Palladium
Birkbeck Coll.
T.U.C.
Centre Point
Cambridge Circus
Pal. Th.
Theatre Coliseum
Admiralty Arch
Pollock's Toy Mus.
Foreign Office

124

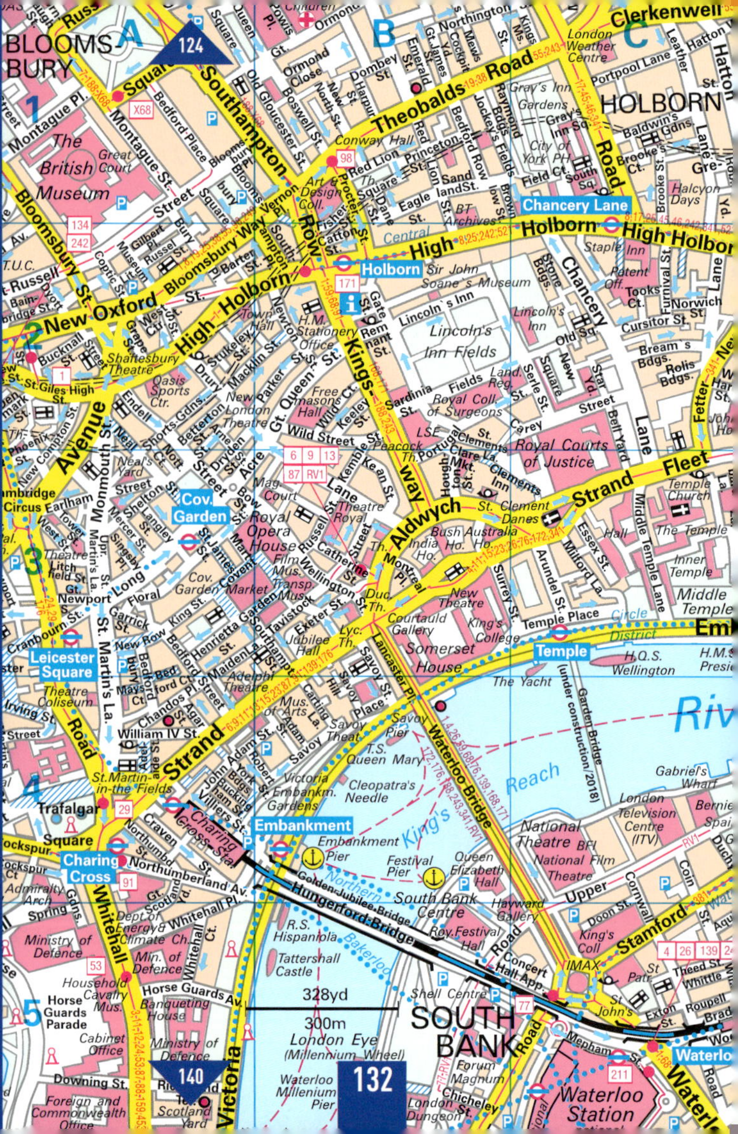
BLOOMSBURY
HOLBORN
SOUTH BANK
The British Museum
Great Court
Montague Pl.
Montague St.
Bedford Place
Southampton Row
Bloomsbury Way
Bloomsbury St.
New Oxford St.
High Holborn
Theobalds Road
Clerkenwell Road
Gray's Inn Road
Gray's Inn Gardens
London Weather Centre
Conway Hall
Red Lion Square
Lamb's Conduit St.
Chancery Lane
Holborn
Sir John Soane's Museum
Lincoln's Inn Fields
Lincoln's Inn
Royal Coll. of Surgeons
LSE
Royal Courts of Justice
Fleet Street
Temple Church
The Temple
Inner Temple
Middle Temple
Kingsway
Aldwych
Strand
St. Clement Danes
Bush House
India Ho.
Australia Ho.
King's College
Somerset House
Courtauld Gallery
Temple Place
Temple
H.Q.S. Wellington
Victoria Embankment
Victoria Embankment Gardens
Cleopatra's Needle
Embankment
Embankment Pier
Festival Pier
Waterloo Bridge
River Thames
King's Reach
Hungerford Bridge
Golden Jubilee Bridge
Charing Cross
Trafalgar Square
St. Martin-in-the-Fields
Leicester Square
Theatre Coliseum
Covent Garden
Royal Opera House
Film Mus.
Transp. Mus.
Theatre Royal
Shaftesbury Theatre
New London Theatre
Free Masons Hall
Oasis Sports Ctr.
Neal's Yard
Shaftesbury Avenue
Charing Cross Road
Cambridge Circus
St. Martin's La.
Long Acre
Drury Lane
Whitehall
Northumberland Av.
Horse Guards Parade
Household Cavalry Mus.
Banqueting House
Ministry of Defence
Downing St.
Cabinet Office
Foreign and Commonwealth Office
Scotland Yard
Victoria Embankment
London Eye (Millennium Wheel)
Waterloo Millennium Pier
County Hall
London Dungeon
Shell Centre
Royal Festival Hall
Queen Elizabeth Hall
Hayward Gallery
South Bank Centre
National Theatre
BFI National Film Theatre
London Television Centre (ITV)
Gabriel's Wharf
IMAX
Stamford St.
Waterloo Road
Waterloo Station
Waterloo
Garden Bridge (under construction/2018)
The Yacht
R.S. Hispaniola
Tattershall Castle
T.S. Queen Mary
Savoy Pier
Savoy Theat.
Adelphi Theatre
Lyc. Th.
Duc. Th.
New Theatre
Jubilee Hall
328yd
300m

140

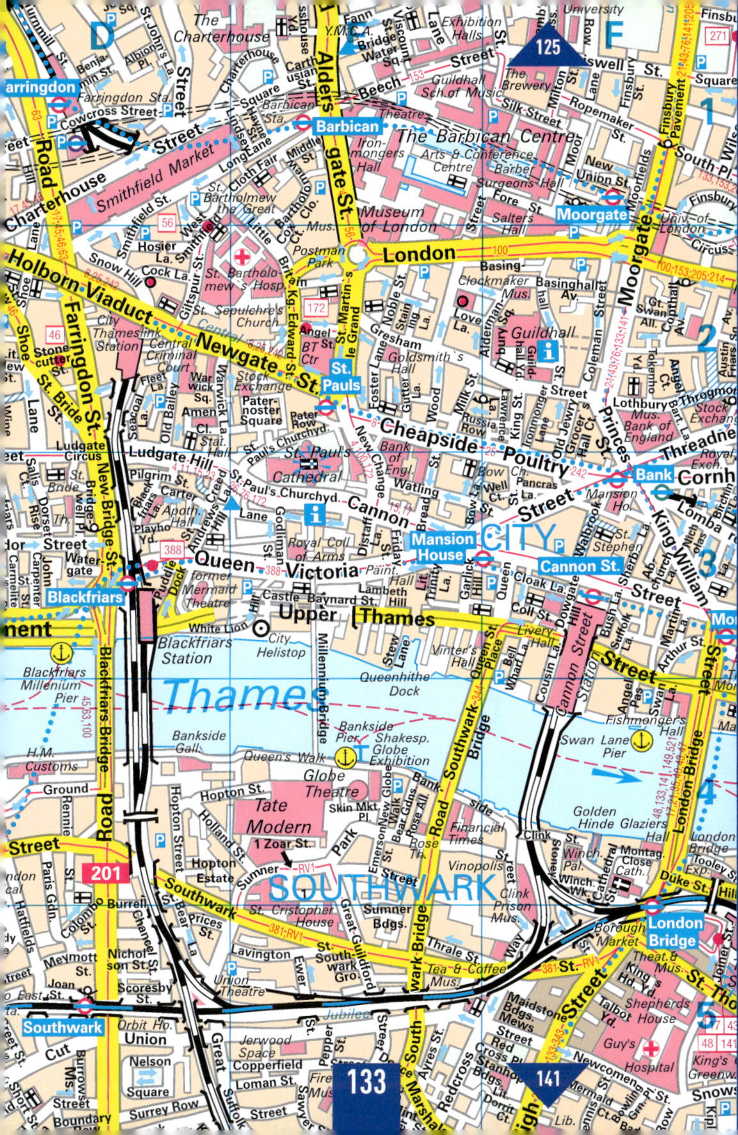
D
E
1
2
3
4
5
The Charterhouse
Charterhouse Square
Farringdon
Farringdon Sta.
Cowcross Street
Smithfield Market
Long Lane
Cloth Fair
Barbican
Barbican Sta.
Aldersgate St.
The Barbican Centre
Arts & Conference Centre
Barber Surgeons Hall
Ironmongers Hall
Museum of London
Beech Street
Guildhall Sch. of Music
The Brewery
Silk Street
Ropemaker St.
Moor Lane
New Union St.
Fore St.
Salters Hall
Moorgate
Moorfields
Finsbury Pavement
South Pl.
Finsbury Circus
Univ. of London
London Wall
Charterhouse St.
Holborn Viaduct
Snow Hill
Cock La.
Hosier La.
West Smithfield
St. Bartholmew the Great
St. Bartholomew's Hosp.
Postman Park
St. Sepulchre's Church
Farringdon St.
Shoe Lane
Stonecutter St.
St. Bride St.
City Thameslink Station
Central Criminal Court
Newgate St.
Kg. Edward St.
BT Ctr
Angel St.
St. Martin's le Grand
St. Pauls
Stock Exchange
War wick Sq.
Amen Cl.
Paternoster Square
Pater noster Row
Warwick La.
Old Bailey
Fleet La.
Seacoal La.
Ludgate Circus
Ludgate Hill
St. Paul's Churchyd.
St. Paul's Cathedral
Pilgrim St.
Carter Lane
Apoth. Hall
Playho Yd.
Blackfriars La.
Creed La.
St. Andrews Hill
New Bridge St.
Bridewell Pl.
St. Bride
Dorset Rise
Salisbury Ct.
Water gate
Blackfriars
Queen Victoria
Puddle Dock
former Mermaid Theatre
Castle Baynard St.
Upper Thames
White Lion Hill
City Helistop
Blackfriars Station
Godliman St.
Royal Coll. of Arms
Distaff La.
Friday St.
Bread St.
Cannon Street
Watling
Bank of Engl.
New Change
Cheapside
Gresham
Goldsmith's Hall
Foster Lane
Gutter La.
Wood St.
Milk St.
Noble St.
Staining La.
Love La.
Aldermanbury Sq.
Guildhall
Guildhall Yd.
Basinghall Av.
Basing hall St.
Clockmaker Mus.
Coleman Street
Lothbury
Bank of England Mus.
Throgmorton
Stock Exchange
Threadneedle
Royal Exch.
Cornhill
Bank
Poultry
Mansion Ho.
Mansion House
CITY
Bow La.
Bow Ch.
Well Ct.
St. Pancras La.
Queen St.
Russia Row
Lawrence La.
King St.
Ironmonger Lane
Old Jewry
Grocer's Hall Ct.
Princes St.
Walbrook
St. Stephen
Sherborne La.
Abchurch La.
King William Street
Lombard
Nicholas La.
Birchin La.
Cannon St.
Cloak La.
Coll. St.
Dowgate Hill
Bush La.
Suffolk La.
St. Martin La.
Arthur St.
Monument
Garlick Hill
Trinity La.
Lambeth Hill
Paint. Hall
Stew Lane
Vintner's Hall
Queen St. Place
Bell Wharf La.
Cousin La.
Livery Hall
Cannon Street Station
Angel Pas.
Swan La.
Fishmongers' Hall
Swan Lane Pier
London Bridge
Thames
Blackfriars Millenium Pier
Blackfriars Bridge
Millennium Bridge
Queenhithe Dock
Southwark Bridge
Bankside Gall.
Bankside Pier
Shakesp. Globe Exhibition
Queen's Walk
Globe Theatre
H.M. Customs
Ground
Rennie St.
Hopton St.
Hopton Street
Holland St.
Tate Modern
Skin Mkt. Pl.
New Globe Walk
Emerson St.
Bear Gdns.
Rose All.
Bank side
Southwark Road
Financial Times
Rose Th.
Vinopolis
Clink
Clink St.
Clink Prison Mus.
Stoney St.
Winch. Pal.
Winch. Wk.
Cathedral St.
Southwark Cath.
Montag. Close
Golden Hinde
Glaziers Hall
London Bridge Exp.
Tooley St.
Duke St. Hill
Street
Hopton Estate
1 Zoar St.
Sumner
Park St.
SOUTHWARK
Southwark Street
St. Cristopher House
Great Guildford St.
Sumner Bdgs.
Southwark Bridge Road
Redcross Way
Thrale St.
Tea & Coffee Mus.
Borough Market
London Bridge
Theat. & Mus.
King's Hd. Yd.
Talbot Yd.
Shepherds House
Guy's Hospital
King's Greenw.
St. Thomas St.
Borough High Street
Maidstone Bdgs. Mews
Red Cross Pl.
Stanhope Bdgs.
Newcomen St.
Mermaid Ct.
Lit. Dorrit Ct.
Lib.
Blackfriars Road
Paris Gdn.
Hatfields
Colombo St.
Burrell St.
Chancel St.
Bear La.
Prices St.
Nicholson St.
Meymott St.
Joan St.
Scoresby St.
Lavington
Ewer St.
Southwark Gro.
Union Theatre
Jubilee
Southwark
Orbit Ho.
Union
Nelson Square
Cut
Burrows Ms.
Jerwood Space
Copperfield
Loman St.
Pepper St.
Great Suffolk St.
Surrey Row
Boundary Row
Sawyer
Fire Mus.
Marshalsea
Ayres St.
Redcross
Short St.
201
388
56
172
46
271
Finsbury Square

125
141

126
142
A
B
C
1
2
3
4
5
Finsbury
Square
Earl St.
Sun St.
Appold
Wilson
Clifton
Street
White cross Pl.
Finsbury Av.
Broadgate
Ice Arena
Street Passage
Broadgate Tower
Primrose St.
Liverpool Street Station
Harwich La.
Norton Folgate
Folgate
Blossom St.
Elder St.
Spital Sq.
Lamb St.
Steward St.
Spitalfields Market
Brushfield Street
Commercial
Jerome
Grey Eagle St.
Hanbury
Wilkes St.
Woodseer
Truman Brewery
Elizabeth St.
Princelet Street under construction
Fournier St.
SPITALFIELDS
Heneage St.
Spelman St.
Greatorex
Artillery
Sandy's Row
Crispin St.
White's Row
Fashion St.
Lolesworth Cl.
Chicksand St.
Hopetown St.
Casson St.
Old Montague
Brune St.
Toynbee
Thrawl St.
Lane
Osborn
Whitechapel
Middlesex
Stoney
Bell Lane
Strype St.
Leyden St.
Wentworth
Toynbee Hall
Gunthorpe
Art Gal.
Old Castle St.
Goulston Street
New Goulston
Aldgate East
Whitechapel High St.
Commercial
South Pl.
Eldon St.
Finsbury Circus
Blomfield St.
East St.
Liverpool St.
Broad St.
New Broad St.
Liverpool Street
Wormwood St.
Carpenters' Hall
London Wall
Great Winchester St.
Austin Friars Sq.
Old Broad Street
Tower 42
Throgmorton St.
Stock Exchange
Threadneedle St.
Merchant Taylors' Hall
Royal Exch.
Cornhill
Bishopsgate
Pinnacle
Crosby Sq.
St. Helen's Pl.
Leadenhall Building
The Gherkin (IVG)
St. Mary Axe
Heron Twr.
Camomile St.
Devonshire Row
Cutlers Gardens Arcade
New St.
Houndsditch
Bevis Marks
Bury Ct.
Creechurch La.
Mitre St.
Duke's Pl.
Cutler St.
Harrow Pl.
Petticoat Lane Mark.
Gravel La.
Botolph
Aldgate
Aldgate High St.
Mansell
Braham St.
Drum St.
Leman
Street
Alie St.
Royal Bank of Scotland
WHITECH
Leadenhall St.
Lloyd's
Leadenhall Market
Fenchurch Av.
Lime St.
Whittington Av.
Gracechurch St.
Lombard St.
Nicholas La.
Birchin La.
Billiter St.
Fenchurch Bdgs.
Lloyd's Av.
Northumberland All.
Jewry St.
Vine St.
India St.
Crosswall
Minories
Clare St.
Haydon St.
Haydon Sq.
Portsoken St.
Goodman's Yd.
Somerset
Colonial Av.
Hooper St.
Prescot St.
Chamber St.
Mill Yd.
Fenchurch Street
Fenchurch Street Stat.
King William
Monument
Talbot Ct.
Philpot La.
Rood La.
Mincing La.
Dunster Ct.
Mark Lane
Hart St.
Crutched Friars
Pepys St.
Seething La.
Trinity Ho.
Cooper's Row
The Crescent
Eastcheap
Gt. Tower St.
Pudding La.
Botolph La.
St. Mary at Hill
Idol La.
St. Dunstan's Hill
Harp La.
Muscovy St.
Trinity Sq.
Tower Hill
Royal Mint St.
Tower Gateway
Mint Street
Cartwright St.
John Fisher St.
Dock St.
Royal Mint Court
Shorter St.
The Monument
Monument St.
Lr. Thames St.
Byward Street
St. Magnus
Billingsgate Market
Custom Ho.
Water La.
Street
Circle District
Tower of London
Tower Millenium Pier
Traitor's Gate
Tower Bridge App.
St. Katharine's Way
East Smithfield
Croft St.
Thomas More
St. Katharine's Dock
West
East
Mews
St. Anthony's Cl.
Nesham St.
Burr Cl.
Carron Wharf
Way
Hermitage Entrance & Wharf
London Bridge
London Bridge City Pier
London Bridge Hosp.
Hay's Galleria
H.M.S. Belfast
Tooley St.
Hay's La.
Battle Br. La.
English Grds.
Southwark Crown Ctr.
Morgan's Lane
The Scoop
City Hall
Upper Pool
St. Katharine's Pier
River
Potters Fields Park
Tower Bridge
Tower Bridge Mus.
Horselydown Old Stairs
Butler's Wharf
Georges Stairs
Shad Thames
Design Museum
Mill Stairs
Bermondsey
London Bridge Station
The Shard
Joiner St.
St. Thomas Street
King's Coll. Greenw. Th.
Melior St.
Weston
Snowsfields
Magdalen St.
Shand St.
Barnham St.
Druid Street
Crucifix La.
Whites
Queen
Braidwood St.
Abbots La.
Vine La.
Weavers Lane
Horselydown
Boss St.
Eliza-beth St.
Gainsford Street
Curlew Street
Maguire St.
Three Oak La.
Lafone St.
Jamaica
St.Jo Church
RV1
11 23 133 153 214
40 67 115 254
271
48 141 149
343

D
E
F
127
143
1
2
3
4
5
Whitechapel
Shadwell
Wapping
TOWER HAMLETS
SHADWELL
WAPPING
Mile End Road
Road
Darling Row
Key Clo.
Lomas St.
Durward St.
Winthrop St.
O'Leary Sq.
Adelina Gro.
Redmans
Assembly Passage
Cressy Pl.
Tinsley Rd.
Stepney
London Indep. Hosp.
Beaumont Square
Louisa St.
Passage
Green
Royal London Hosp.
Sketchley Theatre
Regal Clo.
Mount Ter.
E. Mount St.
Raven Row
Cavell St.
Halcrow St.
Sidney Street
Lindley St.
Sidney St. Est.
Smithy St.
Clichy Est.
Stifford Est.
Stepney Green
Diggon St.
Copley St.
Garden St.
Stepney Way
Museum
Newark St.
Ash
Turner St.
Philpot St.
Walden St.
Varden St.
Nelson St.
Foedham St.
Settles St.
Parfett St.
Myrdle St.
Romford St.
New Road
Ford Square
Clark Street
Damien St.
Sidney Street Estate
Jubilee Street
Musbury St.
Cornwood Dr.
Jamaica Street
Aylward St.
W. Arbour St.
E. Arbour St.
Arbour Sq.
Wellesley St.
Dunelm St.
Senrab St.
Head St.
Old Church Rd.
Commercial Road
Christian St.
Batty St.
Hessel St.
Cannon Street Road
Richard St.
Burslem St.
Golding St.
Wicker St.
Ponier St.
Bigland St.
Walburgh St.
Bigland Est.
Morris St.
Watney St.
Watney Mkt.
Dean Cross St.
Tarling St.
Sheridan St.
Brinsley St.
Martha St.
Lukin St.
John Fisher St.
Harding St.
Devonport St.
Havering St.
Gdns.
Albert St.
Stepney Causeway
Pitsea St.
Chapman St.
Stutfield St.
Shadwell Pl.
Sutton St.
Martinau Est.
Johnson St.
Lingey St.
Barnardo St.
Street
Shadwell St.
Hindmarsh Clo.
Crowder St.
Dellow St.
Twine Ct.
Lane
King David Lane
Juniper St.
Redcastle Cl.
Glamis Rd.
Elf Row
Glamis Place
Brodlove La.
Fields
Glasshouse
Schoolhouse Lane
The Highway
Pennington Street
Tobacco Dock
Wapping Lane
Sovereign Cl.
Princes Ct.
King Ms.
Wapping Woods
West Gdns.
Rum Clo.
Garnet St.
Newlands Quay
King Edward VII Mem. Park
Shadwell Basin
Old Basin
Outdoor Centre
Entrance Shaft Shadwell New Ent.
Rotherhithe Tunnel
1 Abbotshade Rd
2 Princes Riverside Rd
Milk Yard
Monza St.
Wine Cl.
Prospect Pl.
Wapping Wall
Pelican Stairs
328yd
300m
Way
Welland Ms.
Fowey Cl.
Mace St.
Waterman Way
Raine St.
Penang St.
Pearl St.
Chandler St.
Reardon St.
Spirit Quay
Vinegar St.
Smeaton St.
Torrington Pl.
Watts St.
School
Hilliard's Ct.
Cinnamon St.
Prusom St.
New Crane Wharf
Surrey Docks
1 Clarence Mews
2 Kenning Street
3 Tunnel Road
4 Hatteraick Road
5 Rupack Street
6 Chargrove Close
7 Smith Close
8 Dean Close
9 Deck Close
10 Bevin Close
11 Foundry Close
John Orwell Sports Centre
Wapping High Street
Green Bank
Sampson St.
Knighten St.
Tench St.
Scandrett St.
Dunollie St.
Reardon Path
Thames Police Sta.
Wapping Old Stairs
Thames
The Pool
Rotherhithe Street
Salter Road
Rotherhithe
Surrey Water
Gas Works
Ainsty Estate
Swan Rd.
Isambard Pl.
Kinburn St.
Brunel Rd.
Railway Av.
Poolmans St.
Marlow Way
106 205 ELS
903
339
100
15;115
339;903
D3

KENSINGTON
Holland Park
Holland House
King George V Memorial
Cricket Ground
(Commonw. Inst.)
Design Museum Kensington
Holland Park School
Queen Elizabeth College
Cardinal Vaughan Mem. School
Leighton House Mus.
Town Hall
High Street Kensington
Kensington Olympia
Olympia
West Kensington
WEST KENSINGTON
EARL'S COURT
Earl's Court Exhibition Building
Earl's Court 2
Empress State Bldg.
Depot
Gibbs Green School
BARONS COURT
Queen's Club
District, Piccadilly
Earl's Court
West Brompton
328yd
300m
128
3220
315
3218
4
Holland Road
Addison Road
Kensington High Street
Hammersmith Road
Warwick Road
Warwick Gdns.
Pembroke Rd.
Cromwell Road
West Cromwell Road
Talgarth Road
North End Road
Old Brompton Road
Holland Villas Road
Abbotsbury Road
Addison Cr.
Oakwood Court
Ilchester Place
Melbury Road
Phillimore Walk
Campden Hill
Earl's Court Road
Abingdon Villas
Lexham Gdns.
Logan Place
Pembroke Square
Edwardes Square
Blythe Rd.
Olympia Way
Beckford Cl.
Baron's Court Road
Comeragh Road
Castletown Road
Perham Road
Queen's Club Gdns.
Star Road
Lillie Road
Kempsford Gdns.
Eardley Cres.
Nevern Square
Trebovir Road
Penywern Rd.
Templeton Place

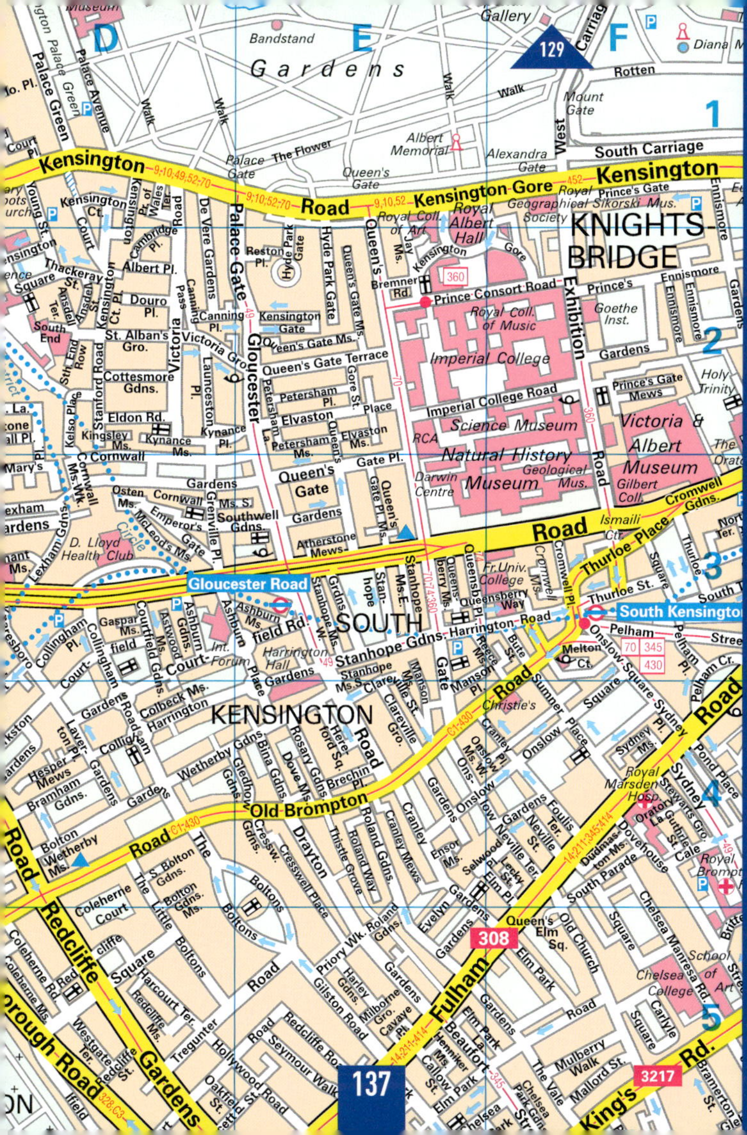

129
D
E
F
1
2
3
4
5
Bandstand
Gardens
Gallery
Diana
Rotten
Mount Gate
South Carriage
West
Albert Memorial
Alexandra Gate
The Flower
Palace Gate
Queen's Gate
Kensington
Kensington Road
Kensington Gore
Palace Green
Palace Avenue
Young St.
Kensington Ct.
Thackeray St.
Albert Pl.
Douro Pl.
Canning Pl.
Canning Pass
De Vere Gardens
Victoria Gro.
St. Alban's Gro.
Cottesmore Gdns.
Eldon Rd.
Kingsley Ms.
Kynance Ms.
Kynance Pl.
Launceston Pl.
Victoria Rd.
Stanford Road
Kelso Place
Cornwall Gardens
Cornwall Ms. S.
Southwell Gdns.
Osten Ms.
Emperor's Gate
McLeod's Ms.
Grenville Pl.
Lexham Gdns.
D. Lloyd Health Club
Gloucester Road
Reston Pl.
Hyde Park Gate
Hyde Park Gate
Queen's Gate Ms.
Kensington Gate
Queen's Gate Ms.
Queen's Gate Terrace
Petersham Pl.
Petersham La.
Petersham Ms.
Gore St.
Elvaston Place
Elvaston Ms.
Queen's Gate Pl.
Queen's Gate Gardens
Queen's Gate Pl. Ms.
Atherstone Mews
Queen's Gate
Royal Coll. of Art
Jay Ms.
Royal Albert Hall
Bremner Rd.
360
Prince Consort Road
Royal Coll. of Music
Imperial College
Imperial College Road
Science Museum
RCA
Natural History Museum
Geological Mus.
Darwin Centre
Exhibition Road
Royal Geographical Society
Prince's Gate
Sikorski Mus.
KNIGHTSBRIDGE
Ennismore Gardens
Prince's Gardens
Goethe Inst.
Prince's Gate Mews
Holy Trinity
Victoria & Albert Museum
Gilbert Coll.
Cromwell Road
Cromwell Gdns.
Ismaili Ctr.
Thurloe Place
Thurloe Square
Thurloe St.
Cromwell Pl.
Cromwell Ms.
Fr. Univ. College
Queensberry Way
Queensberry Pl.
Reece Ms.
South Kensington
Pelham St.
Pelham Pl.
Pelham Cr.
70
345
430
Onslow Square
Onslow Gardens
Melton Ct.
Sumner Place
Harrington Road
Stanhope Gdns.
Stanhope Ms. E.
Stanhope Ms. W.
Stanhope Ms. S.
SOUTH KENSINGTON
Ashburn Ms.
Ashburn Gdns.
Ashburn Place
Harrington Gardens
Harrington Hall
Int. Forum
Courtfield Gdns.
Courtfield Rd.
Gaspar Ms.
Collingham Pl.
Collingham Gardens
Collingham Road
Colbeck Ms.
Astwood Ms.
Bute St.
Manson Pl.
Manson Ms.
Christie's
Clareville St.
Clareville Gro.
Hereford Sq.
Rosary Gdns.
Bina Gdns.
Dove Ms.
Wetherby Gdns.
Gledhow Gdns.
Brechin Pl.
Old Brompton Road
KENSINGTON
Laverton Pl.
Hesper Mews
Bramham Gdns.
Bolton Gardens
Wetherby Ms.
Redcliffe Gardens
Redcliffe Square
Redcliffe Ms.
Redcliffe Rd.
Redcliffe St.
Coleherne Court
Coleherne Rd.
Coleherne Ms.
Westgate Ter.
Harcourt Ter.
Tregunter Road
Hollywood Road
The Boltons
The Little Boltons
S. Bolton Gdns.
Bolton Gdns. Ms.
Cresswell Place
Cresswell Gdns.
Drayton Gardens
Thistle Grove
Roland Way
Roland Gdns.
Cranley Gardens
Cranley Mews
Cranley Pl.
Onslow Ms. W.
Onslow Ms. E.
Ensor Ms.
Selwood Pl.
Neville Ter.
Neville St.
Foulis Ter.
Lecky St.
Elm Pl.
Evelyn Gardens
Priory Wk.
Harley Gdns.
Gilston Road
Milborne Gro.
Cavaye Pl.
Seymour Walk
Fulham Road
308
Queen's Elm Sq.
Old Church St.
Elm Park Gardens
Elm Park Road
Elm Park La.
Beaufort St.
Callow St.
Mulberry Walk
Mallord St.
The Vale
Chelsea Park Gdns.
Carlyle Square
Chelsea Square
Chelsea College of Art
Manresa Rd.
School of Art
King's Rd.
3217
Bramerton St.
Onslow Square
Sydney Pl.
Sydney Ms.
Sydney St.
Royal Marsden Hosp.
Oratory La.
Dovehouse St.
Guthrie St.
Cale St.
Stewart's Gro.
Dudmaston Ms.
South Parade
Pond Place
Royal Brompton
Earl's Court Road
Ifield
Oakfield St.
137

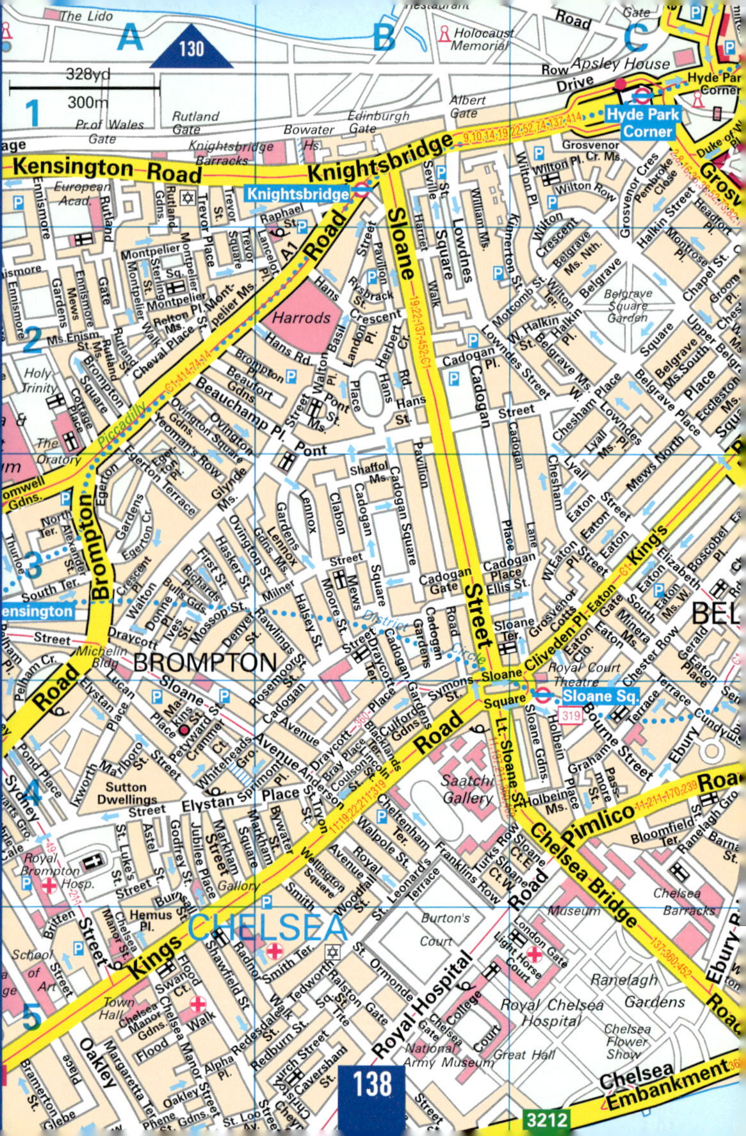
A
B
C
130
1
2
3
4
5
328yd
300m
The Lido
Holocaust Memorial
Road
Gate
Row
Apsley House
Drive
Hyde Park Corner
Hyde Par Corner
Pr. of Wales Gate
Rutland Gate
Edinburgh Gate
Albert Gate
Bowater Hs.
Knightsbridge Barracks
Kensington Road
Knightsbridge
Knightsbridge
9,10,14,19,22,52,74,137,414
Grosvenor Cr. Ms.
Grosvenor Cres
Pembroke Close
Duke of W
Grosv
European Acad.
Ennismore
Rutland
Rutland Gdns.
Trevor Place
Trevor St.
Trevor Square
Lancelot Pl.
Raphael St.
A1
Road
Sloane
Seville St.
Harriet
Square
Walk
William Ms.
Lowndes
Wilton Pl.
Kinnerton St.
Wilton Row
Wilton Crescent
Belgrave Ms. Nth.
Halkin Street
Headfort Pl.
Montrose Pl.
Chapel St.
Montpelier Sq.
Montpelier St.
Montpelier Walk
Montpelier Pl.
Sterling St.
Mont-pelier Ms.
Hans
Rysbrack St.
Pavilion Street
Crescent
Harrods
Relton Ms.
Cheval Place
Ennismore Gardens
Ennismore Mews
Gate
Ms.Enism
Brompton Sq.
Holy Trinity
Motcomb St.
Wilton Ter.
Halkin Pl.
W. Halkin St.
Belgrave
Belgrave Square Garden
Square
Upper Belgr.
Belgrave Ms.South
Belgrave Place
Groom Pl.
Chesham Place
Lowndes Street
Cadogan Pl.
Herbert Cr.
Hans Rd.
Basil St.
Landon Pl.
Hans Rd.
Hans St.
Brompton Rd.
Beaufort Gdns.
Walton Pl.
Pont St. Ms.
Pont St.
Place
Beauchamp Pl.
Cottage Place
Brompton Square
C1,414,74,14
Piccadilly
Ovington Gdns.
Ovington Square
Yeoman's Row
Egerton Pl.
Egerton Terrace
Egerton Gardens
Egerton Cr.
The Oratory
omwell Gdns.
Street
Cadogan
Lyall Ms. W.
Lyall Ms.
Lowndes Pl.
Mews North
Eccleston Ms.
Squa
Pont
Shaffol Ms.
Cadogan Pl.
Pavilion
Clabon Ms.
Cadogan Square
Lennox Gardens
Lennox Gdns. Ms.
Glynde Ms.
North Ter.
Alexander St.
Thurloe
Brompton
Crescent Pl.
Walton
Street
Chesham
Eaton
Eaton
Eaton
Street
Elizabeth
Boscobel Pl.
King's
Hasker St.
First St.
Ovington St.
Richards Pl.
Bulls Gds.
Donne Pl.
Ives St.
Mossop St.
Milner
Moore St.
Mews
Cadogan Gate
Cadogan Place
Ellis St.
Lane
W. Eaton Pl.
Eaton Pl.
Street
Eaton Ms. W.
South Eaton Pl.
BEL
South Ter.
ensington
Denyer St.
Rawlings St.
Halsey St.
District
Circle
Cadogan Gardens
Road
Street
Sloane Ter.
Grosvenor Cotts.
Cliveden Pl.
Eaton Gate
Minera Ms.
Gerald Pl.
Eaton Terrace
Chester Row
Street
Pelham Pl.
Pelham Cr.
Draycott
Michelin Bldg
BROMPTON
Rosemoor St.
Draycott Ter.
Eaton Clo.
Royal Court Theatre
Sloane Square
Sloane Sq.
Symons St.
Road
Elystan Place
Lucan Place
Sloane Ave.
Makins St.
Petyward
Cadogan St.
Avenue
Draycott Place
Blacklands Ter.
Culford Gdns.
Lt. Sloane St.
Sloane Gdns.
Holbein Pl.
319
Graham Terrace
Bourne Street
Passmore St.
Terrace
Cundy St.
Ebury
Pond Place
Marlboro St.
Ixworth Pl.
Sutton Dwellings
Walton Street
Cranmer Ct.
Whiteheads Gro.
Sprimont Pl.
Avenue
Anderson St.
Bray Place
Coulson St.
Lincoln St.
C1
360
Road
Saatchi Gallery
11,19,22,211,319
Holbein Ms.
Pimlico
Road
11,211,170,239
Bloomfield Ter.
Ranelagh Gro.
Barna St.
Sydney
Elystan Street
Elystan Place
St. Luke's Street
Astell St.
Godfrey St.
Jubilee Place
Markham Street
Markham Square
Bywater St.
Tryon St.
Cheltenham Ter.
Walpole St.
Royal Avenue
Wellington Square
Turks Row
Franklins Row
Sloane Ct. E.
Sloane Ct. W.
Chelsea Bridge
Chelsea Barracks
Royal Brompton Hosp.
Hemus Pl.
Burnsall St.
Gallery
Smith St.
Woodfall St.
St. Leonard's Terrace
Burton's Court
Road
Museum
Britten Street
Chelsea Manor St.
CHELSEA
Radnor Walk
Smith Ter.
St. Ormonde Gate
Royal Hospital Road
London Gate
Light Horse Court
Ranelagh Gardens
137,360,452
Ebury Bridge Road
School of Art
Kings Road
Swan Ct.
Flood Street
Shawfield St.
Tedworth Sq.
Tite St.
Ralston St.
Chelsea Gate
College Court
Royal Chelsea Hospital
Chelsea Flower Show
Town Hall
Chelsea Manor Gdns.
Flood Walk
Redesdale St.
Redburn St.
Christchurch Street
Caversham St.
National Army Museum
Great Hall
Oakley
Margaretta Ter.
Oakley Gdns.
Alpha Pl.
Glebe Place
Bramerton St.
Phene St.
St. Loo Av.
Cheyne
Street
Chelsea Embankment
3212

D
E
F
Green Park
Lancaster House
Palace Rd.
Clarence House
131
Duck Island
Foreign and Commonwealth Office
St. James's
The
Park Lake
Park
Constitution
Hill
Queen Victoria Memorial
St. James's
War Rooms
1
Buckingham Palace
Gardens
Buckingham Palace
CITY OF WESTMINSTER
Walk
Gt. George St.
Old Queen St.
Lewisham St.
Birdcage
The Guards Chapel
The Guards Mus.
Wellington Barracks
Ministry of Justice
Queen Anne's G.
Dept. Works &Pens.
QE II Conf. Cent.
The Queen's Gallery
Buckingham
St. James's Park
Tothill St.
Broad Sanctuary
Petty France
Dept.for Bus.,Innov.& Skills
West. Ab
Caxton Hall
Dean's Yard
The Royal Mews
Place
Road
Palace
Theat.
Vandon St.
Caxton St.
Broadway
Dacre St.
Dept. of Educ.
2
N.C.B
Grosvenor Pl.
Bressenden
Stag Place
Castle Lane
Gate
Spencer St.
Abbey Orchard St.
Great Smith St.
Lit. Smith St.
City Hall
Old Pye Street
Hobart Pl.
Victoria Sq.
Eaton La.
Allington St.
302
Victoria
Howick Place
Artillery Row
Great Peter
Greycoat Pl.
Chadwick St.
Marsham
Victoria
Terminus Place
Ashley Pl.
Westminster Cath.
Thirleby Rd.
Greycoat
Horseferry
DCLG
Medway St.
Victoria Station
Vauxhall
Wilton
Carlisle Place
Morpeth Ter.
Ambrosden Av.
Stillington
Francis
Windsor Pl.
Emery Hill St.
Rochester Row
RHS Lawr. Hall
Lindley Hall RHS
Elverton St.
Maunsel St.
Rutherford
3214
Hudson Pl.
Vict. Place
Bridge
Gillingham St.
Willow Place
Greencoat Pl.
Rochester St.
Vincent
Vincent
Westminster School Playing Field
Regency
Fynes St.
Dept. for Transport
Page
3
AVIA
Eccleston Br.
Sports Centre
Vincent Square
Vincent Street
Street
Buckingham Palace
The Colonnade
Belgrave
Guildhouse St.
Longmoore St.
Tachbrook
Gordon Hosp.
Hide Place
Esterbr. St.
Erasmus Street
Herrick
Elizabeth Br.
Eccleston Square
Eccleston Sq. Ms.
Way
Denbigh
Churton St.
3213
202
Lillington Gdns. Estate
Douglas St.
Chapter
Causton St.
Cureton St.
Ponsonby Pl.
4
Cambridge
St. George's Street
Warwick Square
Charlwood Pl.
Deans Pl.
Garden Ter.
Raab Gallery
John Islip
Warwick
Alderney
Moreton Pl.
Moreton Ter.
Road
Rampayne St.
Dorset
Pimlico
Road
Sutherland
Suthd. Row
Cumberland
Winchester
PIMLICO
Drive
Moreton
Street
Bessborough St.
Bessborough Pl.
Balniel Gate
Lindsay Sq.
Vauxhall
Westmoreland Ter.
Turpentine Lane
Peabody Avenue
Clarendon
Sussex Street
Gloucester Street
Charlwood Street
Ranelagh Rd.
Claverton Street
Sch.
Chichester St.
Aylesford
St. George's Ms.
Balv. Pl.
Railway Sheds
Lupus St.
Glasgow Ter.
Churchill Gardens Estate
Johnsons Pl.
Square
Dolphin
St. George's Square
Churchill Gardens
Paxton Ter.
Telford Ter.
Road
5
Thames
Grosvenor
River
Pimlico Gardens
Westminster Boat Wharf
139

132
140
A
B
C
1
2
3
4
5
Cabinet Office
Ministry of Defence
Downing St.
Foreign and Commonwealth Office
King Charles St.
War Rooms H.M. Treasury
Scotland Yard
Richmond House
Victoria
London Eye (Millennium Wheel)
Waterloo Millenium Pier
Westminster Millenium Pier
Westminster
Gardens
BANK
Forum Magnum
Chicheley St.
London Dungeon
County Hall
Movieum
SeaLife London Aquarium
Belvedere
York
Leake
Addington St.
Waterloo Station
national
International
Waterloo
Marsh
Frazier
Lower
Murphy St.
Baylis Road
Coral St.
Vic
Gt. George St.
Parliament
Parliament St.
Cannon Row
Bridge St.
Westminster Bridge
12,53,148,159,211,453
New Palace Yard
Elisabeth Tower (Big Ben)
Supreme Court
QE II Conf. Cent.
Storey's Gate
Broad Sanctuary
Square
Westminster Hall
Houses of Parliament
Fl. Nightingale Mus.
St. Thomas' Hospital
Road
Upr. Marsh
Royal St.
Lambeth North
Westminster Bridge
Burdett St.
Pearman St.
Newnham Ter.
Westminster Abbey
Jewel Tower
Dean's Yard
Great Smith St.
Westminster School
Gt. College St.
St. Margaret St.
Abingdon St.
Millbank
Victoria Tower
Burghers of Calais
LAMBETH
1 Centaur St.
2 Virgil St.
Archbishop's Park
Carlisle Lane
Road
McAuley Cl.
Kennington
Oakey La.
Mead Rw.
King Edward Wk.
Cosser St.
Morton Pl.
Sidford Pl.
Hercules
Imperial War Museum
Lit. Smith St.
Tufton St.
Cowley St.
Lord N. St.
Street
Gayfere St.
Smith Square
Dean Stanley St.
Marsham Street
Victoria Tower Gardens
Buxton Mem.
St. Thomas's Medical & Dental Schools
Lambeth Palace Garden
Lambeth Palace
Lambeth Palace
St. Johns Concert Hall
Romney St.
Bradley St.
Dean
DEFRA
Road
Reach
Lambeth Pier
Garden Museum
Lambeth
China Walk Estate
Walk
Sail St.
Pratt Wk.
Norfolk Row
Old Paradise
Lambeth Bridge
St. John's Gardens
Street
Thorney St.
Thames
Ho
Lambeth High St.
Juxon St.
Lambeth
Fitzalan St.
Walnut Tree Walk
Topaz St.
Street
Lollard
Lambeth Walk
War Open Space
Distin St.
Street
Millbank Tower
Whitgift St.
Fire Brigade H.Q.
Black
Newport St.
Ravent Rd.
Gibson Road
Ethelred
Estate
Way
Marylee
St. Oswulf St.
Erasmus Street
Herrick
Clore Gallery
Millbank Millenium Pier
Tate Britain
3212
Sala-manca
Prince
Walk
Street
Embankment
3036
Randall Rd.
Randall Row
Nat. Crime Agency
VAUXHALL
Hotspur St.
Tracey St.
Atterbury St.
Coll. of Art&Design
Ponsonby Pl.
Ponsonby Ter.
Riverwalk
Tinworth St.
Jonathan St.
Wickham St.
Worgan St.
Graphite Sq.
Vauxhall
Sancroft
Road
Orsett St.
Street
Newburn Street
Courtenay Street
Cardigan St.
Stables Way
Glasshouse Walk
Vaux hall
Laud St.
Goding St.
Spring Gdns
Tyers Ter.
Vauxhall Gdns. Est.
Tyers
St. Oswald's Pl.
Loughborough St.
Aveline St.
Dolland St.
3204
Vauxhall Bridge
Government Offices (MI6)
Albert
Bridgefoot
Auckland St.
Glyn St.
Kennington
Durham St.
Oval Way
Farnham Royal
Street
Gasholder Pl.
Montford Place
Gas Works
Pegasus Pl.
Clayton St.
Cleaver St.
Bowden St.
Milverton St.
Road
Road
328yd
300m
Vauxhall
Vauxhall Cross
Vauxhall Station
Harleyford Rd.
Kennington Gro.
Kennington
The Oval (Surrey County Cricket Ground)
St. George Wharf Tower
Lambeth Pl.
44 156
Parry St.
Langley
Bowling Grn. St.
23
344
341
381
211
76
360
196

133

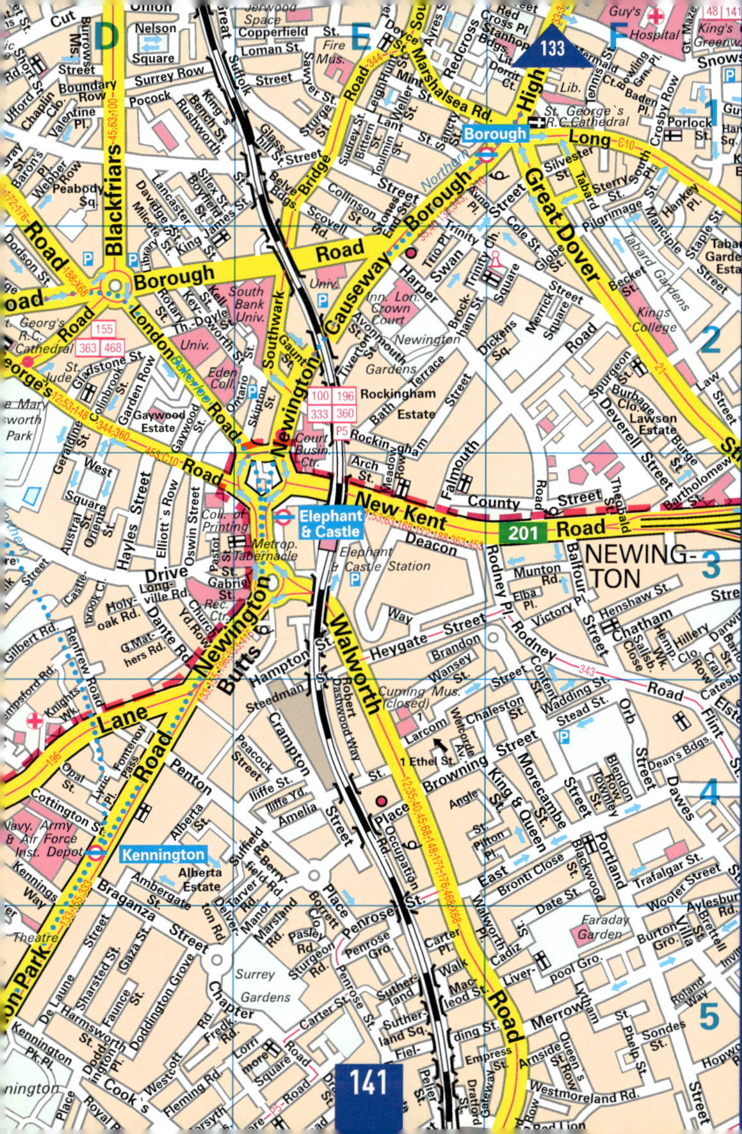
D
E
F
1
2
3
4
5
Nelson Square
Surrey Row
Pocock St.
Boundary Row
Valentine Pl.
Chaplin Clo.
Webber Row
Peabody Sq.
Blackfriars Road
Borough Road
St. George's R.C. Cathedral
London Road
South Bank Univ.
Southwark Bridge Road
Copperfield St.
Loman St.
Fire Mus.
Marshalsea Rd.
Redcross Way
Borough High St.
Guy's Hospital
King's College
Borough
Long Lane
Great Dover Street
Tabard Gardens
Tabard Gardens Estate
Northern
Silvester St.
Pilgrimage St.
Manciple St.
Becket St.
Trinity Ch. Square
Merrick Square
Dickens Sq.
Harper Road
Swan St.
Causeway
Newington Causeway
Inn. Lon. Crown Court
Newington Gardens
Rockingham Estate
Bath Terrace
Rockingham St.
Falmouth Road
County Street
Lawson Estate
Deverell Street
Spurgeon St.
Burbage Clo.
Law Street
Bartholomew St.
Theobald St.
New Kent Road
201
Elephant & Castle
Elephant & Castle Station
Metrop. Tabernacle
Coll. of Printing
Deacon Way
NEWINGTON
Munton Rd.
Balfour Street
Elba Pl.
Victory Pl.
Rodney Pl.
Rodney Road
Henshaw St.
Chatham St.
Salisb. Close
Heygate Street
Brandon St.
Wansey St.
Cuming Mus. (closed)
Walworth Road
Hampton St.
Steedman St.
Crampton St.
Peacock Street
Iliffe St.
Iliffe Yd.
Amelia Street
Newington Butts
Hayles Street
West Square
Geraldine St.
Gaywood Estate
Garden Row
Gladstone St.
Gilbert Rd.
Renfrew Road
Knights Wk.
Kennington Lane
Kennington Park Road
Kennington
Cottington St.
Navy, Army & Air Force Inst. Depot
Alberta Estate
Braganza Street
Penton Place
Surrey Gardens
Chapter Road
Penrose St.
Penrose Gro.
Sutherland Sq.
Occupation Rd.
Browning Street
King & Queen St.
Morecambe St.
Portland Street
Blackwood St.
Bronti Close
East St.
Trafalgar St.
Wooler Street
Faraday Garden
Liverpool Gro.
Merrow St.
Westmoreland Rd.
Empress St.
Dawes Street
Flint St.
Orb Street
Stead St.
Wadding St.
Larcom St.
Ethel St.
Chaleston St.
Walworth Pl.
Cadiz St.
Lytham St.
Sondes St.
Phelp St.
Arnside St.
Fleming Rd.
Cook's Road
Doddington Grove
Harmsworth St.
De Laune Street
Kennington Pk. Pl.
Theatre
Delverton Rd.
Manor Pl.
Marsland Rd.
Borrett Clo.
Pasley Rd.
Sturgeon Rd.
Carter Pl.
Carter St.
Macleod St.
Lorrimore Square
Dante Rd.
Holyoak Rd.
Longville Rd.
Oswin Street
Elliott's Row
Gilmathers Rd.

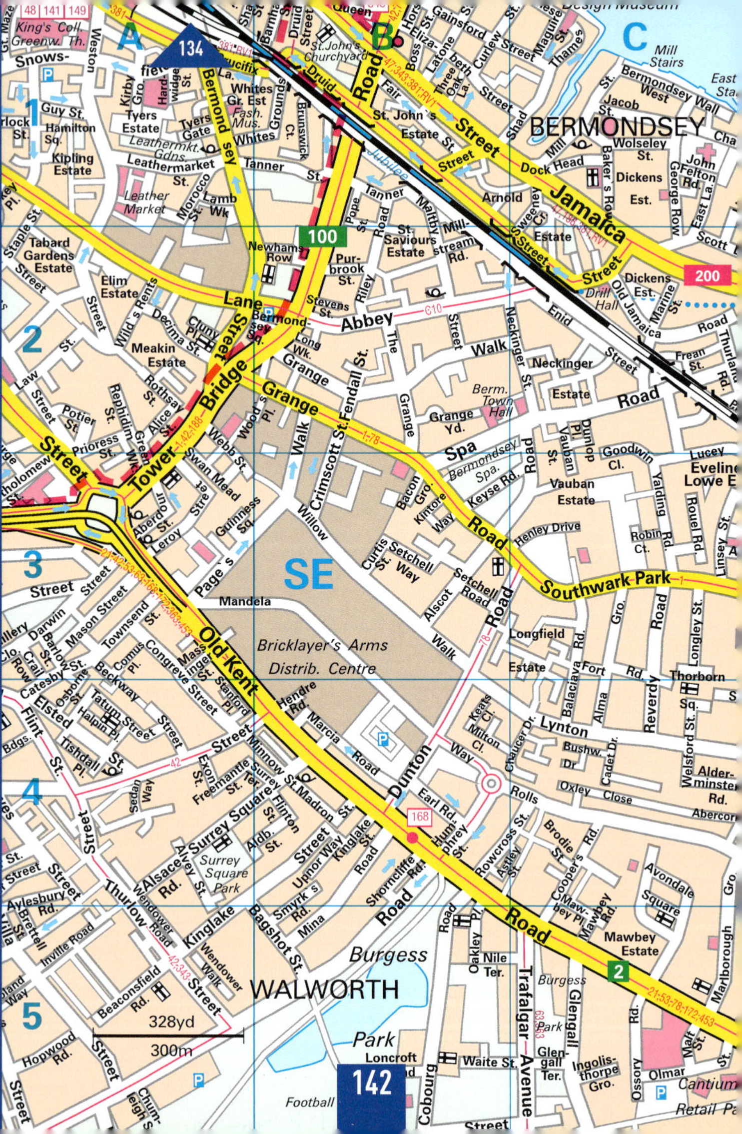
134
142
A
B
C
1
2
3
4
5
48 141 149
King's Coll. Greenw. Th.
Snows-
Weston
Guy St.
Hamilton Sq.
Kipling Estate
Tyers Estate
Tyers Gate
Leathermkt. Gdns.
Leathermarket St.
Leather Market
Morocco St.
Lamb Wk
Bermondsey St.
Whites Gr. Est
Fash. Mus.
Whites Grounds
Brunswick Ct.
Tanner St.
Druid Street
St. John's Churchyard
Queen
Crucifix La.
Tower Bridge Road
Horselydown
Boss St.
Eliza-beth
Three Oak La.
Gainsford Street
Curlew Street
Maguire St.
Thames
Shad
Mill Stairs
Design Museum
Bermondsey Wall West
East
Jacob St.
BERMONDSEY
Mill St.
Dock Head
Wolseley St.
Dickens Est.
Baker's Row
George Row
John Felton Rd.
East La.
Scott
Fair St.
St. John's Estate
Jamaica Street
Jubilee
Tanner St.
Pope St.
Maltby St.
St. Saviours Estate
Millstream Rd.
Arnold Estate
Sweeney Cr.
100
200
Dickens Est.
Drill Hall
Old Jamaica Road
Marine St.
Thurland Rd.
Frean St.
Enid Street
Newhams Row
Purbrook St.
Riley
Stevens St.
Abbey Street
C10
Bermondsey Sq.
Long Wk.
Grange Walk
Fendall St.
The Grange
Neckinger St.
Neckinger Estate
Berm. Town Hall
Grange Yd.
Grange Road
Staple St.
Tabard Gardens Estate
Elim Estate
Lane
Wild's Rents
Decima St.
Cluny Pl.
Meakin Estate
Rothsay St.
Law Street
Potier St.
Rephidim St.
Alice St.
Prioress St.
Green Wk.
Tower Bridge Road
Webb St.
Wood's Pl.
Crimscott St.
Spa Road
Bermondsey Spa
Keyse Rd.
Vauban Estate
Dunlop Pl.
Vauban St.
Goodwin Cl.
Lucey Way
Eveline Lowe Est.
Yalding Rd.
Rouel Rd.
Willow Walk
Bacon Gro.
Kintore Way
Swan Mead
Aberdour St.
Leroy St.
Guinness Sq.
Page's Walk
SE
Curtis St.
Setchell Way
Setchell Road
Henley Drive
Robin Ct.
Lynton Road
Southwark Park Road
Linsey St.
Alscot Road
Mandela Way
Bricklayer's Arms Distrib. Centre
Longfield Estate
Balaciava Rd.
Gro.
Fort Rd.
Thorburn Sq.
Longley St.
Street
Mason Street
Townsend St.
Darwin St.
Barlow St.
Congreve Street
Massinger St.
Old Kent Road
Comus Pl.
Beckway St.
Catesby St.
Crail Row
Osborne St.
Elsted St.
Tatum Street
Halpin Pl.
Flint St.
Tisdall Pl.
Stanford Pl.
Hendre Rd.
Marcia Road
Keats Cl.
Milton Cl.
Chaucer Dr.
Bushw. Dr
Cadet Dr.
Welsford St.
Alderminster Rd.
Oxley Close
Aberco
Rolls Road
Exon St.
Freemantle St.
Surrey Square
Minnow St.
Surrey Ter.
Madron St.
Flinton St.
Dunton Road
Earl Rd.
Humphrey St.
168
Rowcross St.
Astley St.
Brodie St.
Cooper's Rd.
Avondale Square
42
Sedan Way
Surrey Square Park
Alsace Rd.
Alvey St.
Aldbridge St.
Upnor Way
Kinglake St.
Shorncliffe Rd.
Mawbey Pl.
Mawbey Rd.
Mawbey Estate
Marlborough Gro.
Thurlow Street
Wendover Road
Kinglake
Bagshot St.
Smyrk's Rd.
Mina Road
Burgess Park
Oakley Pl.
Nile Ter.
Trafalgar Avenue
Glengall Road
Aylesbury Rd.
Brettell St.
Inville Road
Beaconsfield Rd.
WALWORTH
Wendover Walk
Street
328yd
300m
Hopwood Rd.
Street
Chumleigh St.
Football
Loncroft Rd.
Cobourg
Waite St.
Glengall Ter.
Ingolisthorpe Gro.
Ossory Rd.
Olmar St.
Cantium Retail Park
Malt St.
2
21;53;78;172;453

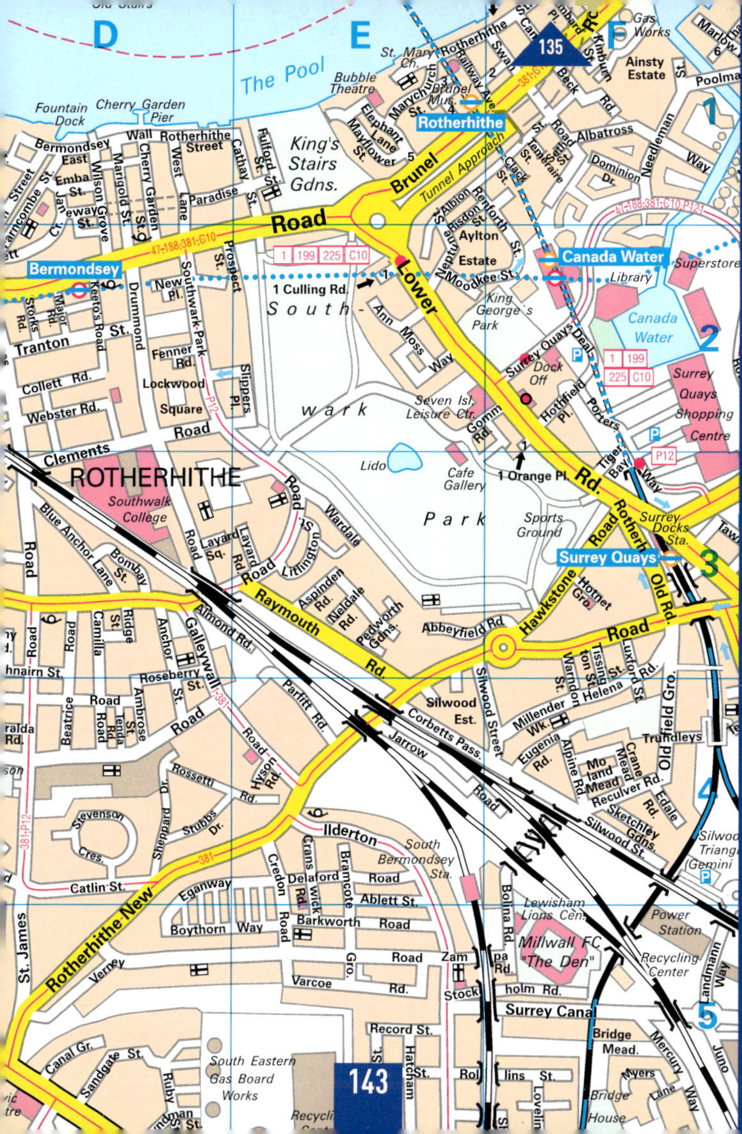
D
E
F
135
1
2
3
4
5
The Pool
Fountain Dock
Cherry Garden Pier
Bubble Theatre
St. Mary Ch.
Rotherhithe
Brunel Mus.
Gas Works
Marlow
Ainsty Estate
Poolman
Bermondsey Wall East
Rotherhithe Street
King's Stairs Gdns.
Elephant Lane
Mayflower St.
Marychurch St.
Railway Ave.
Swan
Kinburn St.
Beck
Albatross
Needleman
Way
Dominion Dr.
Emba St.
Jane
Wilson Grove
Marigold St.
Cherry Garden St.
West Lane
Paradise
Cathay St.
Fulford St.
Brunel
Tunnel Approach
Clack St.
Temeraire St.
Seth St.
Road
Road
Albion St.
Neptune St.
Risdon St.
Renforth St.
Aylton Estate
47-188-381-C10-P12
Canada Water
Superstore
Library
Bermondsey
47-188-381-C10
Prospect St.
Southwark Park Road
New Pl.
1 199 225 C10
1 Culling Rd.
Lower
Moodkee St.
King George's Park
Storks Rd.
Major Rd.
Keeto's Road
Drummond
Tranton St.
Fenner Rd.
Ann Moss Way
South-wark Park
Canada Water
Surrey Quays
Dock Off
Deal
Porters
1 199 225 C10
Surrey Quays Shopping Centre
Collett Rd.
Lockwood Square
Slippers Pl.
Webster Rd.
Road
P12
Seven Isl. Leisure Ctr.
Gomm Rd.
Hothfield Pl.
Clements
ROTHERHITHE
Southwark College
Lido
Cafe Gallery
1 Orange Pl.
Rd.
Tiger Bay
Way
P12
Road
Wardale St.
Sports Ground
Surrey Docks Sta.
Rotherhithe Old Rd.
Surrey Quays
Blue Anchor Lane
Bombay St.
Road
Layard Sq.
Layard Rd.
Road
Litlington
Aspinden Rd.
Neldale Rd.
Pedworth Gdns.
Hawkstone Road
Hothnet Gro.
Raymouth Rd.
Almond Rd.
Galleywall
Abbeyfield Rd.
Road
Camilla Road
Ridge St.
Anchor
Roseberry St.
Road
Road
Parfitt Rd.
Silwood Est.
Silwood Street
Warndon St.
Tissington St.
Helena
Luxford St.
Rd.
Old field Gro.
Millender Wk.
Trundleys
Road
Road
Beatrice Road
Tenda Rd.
Ambrose St.
381
Road
Hyson Rd.
Corbetts Pass.
Jarrow
Road
Eugenia Rd.
Alpine Rd.
Moland Mead
Crane Mead
Reculver Rd.
Edale Rd.
Rossetti Rd.
Stevenson Cres.
Sheppard Dr.
Stubbs Dr.
Ilderton
South Bermondsey Sta.
Silwood St.
Sketchley Gdns.
Silwood Triangle (Gemini
381-P12
381
Catlin St.
Rotherhithe New
Eganway
Cranswick Rd.
Credon Road
Delaford Road
Bramcote Gro.
Ablett St.
Barkworth Road
Boythorn Way
Bolina Rd.
Lewisham Lions Cen.
Millwall FC "The Den"
Power Station
Recycling Center
Landmann Way
St. James
Verney
Road
Zampa Rd.
Varcoe Rd.
Stockholm Rd.
Surrey Canal
Bridge Mead.
Mercury Way
Juno
Record St.
Hatcham St.
Canal Gr.
Sandgate St.
Ruby St.
South Eastern Gas Board Works
Rollins St.
Lovelinch
Myers Lane
Bridge House

A
B
C
1
2
3
4
5
Bicester
Middle Barton
Middleton Stoney
Marsh Gibbon
Middle Claydon
Leighton Buzzard
Wing
Hockliffe
LUTON
Dunstable
Weston-on-the-Green
Blackthorn
Whitchurch
Waddesdon Manor
Waddesdon
Ivinghoe
Aston Clinton
Dagnall
Whipsnade Park Zoo
Luton Hoo
Kimpton
Knebworth
Welwyn
Harpenden
Wheathampstead
St. Albans
Kidlington
Blenheim Palace
Oakley
Aylesbury
Tring
Ashridge College
Wolvercote
Long Crendon
Thame
Wendover
Botley
Wheatley
OXFORD
Princes Risborough
Berkhamsted
Hemel Hempstead
Verulamium
London Colney
Potters Bar
Chinnor
Missenden
Great
Chesham
Amersham
Bricket Wood
Radlett
Abingdon
Stadhampton
Watlington
Stockenchurch
Bradenham
Hughenden Manor
Dorchester
Shillingford
High Wycombe
Rickmansworth
WATFORD
Bushey
Borehamwood
Chiltern Hills
Beaconsfield
WEALDSTONE
Didcot
Wallingford
Nettlebed
Marlow
Bourne End
Gerrards Cross
RUISLIP
WEMBLEY
HAMPSTEAD
Maidenhead
House of Cliveden
Henley-on-Thames
SLOUGH
HILLINGDON
WILLESDEN
EALING
Streatley
READING
Pangbourne
CAVERSHAM
Twyford
Windsor
Eton
Heathrow
Westm. Abbey
Kew Gardens
Chieveley
Theale
Bradfield
Thatcham
TWICKENHAM
RICHMOND
KINGSTON UPON THAMES
WIMBLEDON
Staines
LO
Wokingham
Thorpe Park
Ascot
Kennet
Newbury
Newton
Bracknell
Riseley
Eversley
Chertsey
Walton
Hampton Court
Esher
Epsom
Tadley
Sherfield on Loddon
Hartley Wintney
WOKING
Camberley
Kingsclere
Basingstoke
The Vyne
Hook
Farnborough
Ripley
Leatherhead
Polesden Lacey
Fleet
East Horsley
Overton
Odiham
Aldershot
Guildford
Dorking
Reigate
Whitchurch
Farnham
Herriard
Preston Candover
Micheldever
Sutton Scotney
Bramley
Shere
Albury Park
Leith Hill
Horley
Gatwick
Elstead
Godalming
Milford
Alton
Kingsley
Cranleigh
Capel
Hindhead
Selborne
Chiddingfold
Bucks Green
Crawley
New Alresford
Ropley
Winchester
Cathedral
Greatham
Liphook
Haslemere
Cheriton
Fernhurst
Wisborough Green
Horsham
Twyford
Billingshurst
West Meon
Buster Hill
Rogate
Petworth
Cowfold
Bolney
Eastleigh
Corhampton
Petersfield
Midhurst
West Harting
Rother
Upham
Bishop's Waltham
Hambledon
South Downs National Park
Pulborough
Horndean
Goodwood House
Roman Villa
Storrington
Henfield
SOUTHAMPTON
Netley Abbey
Singleton
Waterlooville
Stoughton
Washington
Wickham
Havant
West Lavant
The Trundle
Arundel
Cissbury Ring
Hamble
Fareham
Emsworth
Chichester
Cathedral
Eastergate
Sompting-Lancing
Hove
Fawley
Lee-on-the-Solent
Gosport
SOUTH HAYLING
PORTSMOUTH
Little-hampton
Worthing
BRIGHTON
East Cowes
Osborne House
Spithead
West Wittering
Bognor Regis
Fishbourne
Solent
South East
Hampshire
North Downs
Weald

D
E
F
1
2
3
4
5
COLCHESTER
Braintree
Stansted
Great Dunmow
Bishop's Stortford
Takeley
Coggeshall
Kelvedon
Marks Tey
Layer de le Haye
Wivenhoe
Abberton
Brightlingsea
Thorpe-le-Soken
Great Oakley
Bergholt
Ware
Widford
Sawbridge Worth
Stanstead Abbots
Hatfield Heath
Leaden Roding
Ford End
Pleshey
Great Leighs
Witham
Tiptree
Abberton Res.
West Mersea
Clacton-on-Sea
Harlow
Great Waltham
Little Waltham
Great Totham
Tolleshunt d'Arcy
Hertford
Hoddesdon
CHELMSFORD
North Weald Bassett
Fyfield
Writtle
Blackwater
Bradwell-on-Sea
Cheshunt
Waltham Abbey
Epping
Danbury
Maldon
Chipping Ongar
Essex
South Woodham Ferrers
Althorne
Southminster
Loughton
Brentwood
Billericay
Wickford
Crouch
Burnham-on-Crouch
Foulness Point
Rochford
ILFORD
ROMFORD
LEYTON
BARKING
BASILDON
Rayleigh
Roach
Great Wakering
St. Paul's Cath.
Sth. Benfleet
SOUTHEND-ON-SEA
Stanford-le-Hope
Corringham
Canvey Island
Coryton
Tower
GREENWICH
ERITH
Aveley
Grays
Thames
Tilbury
Cliffe
Allhallows
Grain
LONDON
BEXLEY
Dartford
Gravesend
Sheerness
Minster
BROMLEY
Swanley
Hoo
Medway
Rochester
Leysdown-on-Sea
Isle of Sheppey
Herne Bay
ORPINGTON
Longfield
Gillingham
Whitstable
Chatham
New Addington
Eynsford
West Kingsdown
Kit's Coty House
Sittingbourne
The Swale
Biggin Hill
Borough Green
Faversham
Upstreet
Sturry
Stour
Sevenoaks
Knole House
Old Soar Manor
Hollingbourne
Canterbury
Westerham
Oxted
Godstone
Mereworth
Leeds
Leeds Castle
Chilham
Shipbourne
Maidstone
Lenham
Challock
Edenbridge
Penshurst Place
Tonbridge
Paddock Wood
Great Stour
Wye
Eden
Medway
Castle Hever
Chiddingstone
Marden
Staplehurst
Headcorn
Kent
Little Stour
Pembury
England
Southborough
Royal Tunbridge Wells
Ashford
Brabourne Lees
Elham
East Grinstead
Ashurst
Forest Row
Hartfield
Lamberhurst
Goudhurst
Bethersden
Scotney Castle
Sissinghurst Garden
Cranbrook
Vale of Kent
Folkestone
Hamstreet
Hythe
Wych Cross
The Weald
Frant
Hawkhurst
Tenterden
Woodchurch
Bewl Water
Royal Military Canal
tourist railway
Haywards Heath
Crowborough
Mayfield
Brenzett
Dymchurch
Maresfield
Bodiam
Bodiam Castle
Rother
New Romney
Heathfield
Burwash
Robertsbridge
Peasmarsh
Greatstone-on-Sea
Uckfield
Rye
Camber
Lydd
Blackboys
Brede
Halland
Battle
Winchelsea
Dungeness
Ouse
Sussex
Ringmer
Herstmonceux
Ninfield
1066
Lewes
Glynde
Herstmonceux Castle
Fairlight
Cuckmere
Hailsham
Polegate
Bexhill
Hastings
Strait of Dover
Pavilion
Newhaven
The Long Man
Pevensey Bay
Seaford
Dieppe
Eastbourne
East Dean
Seven Sisters
10 mi
10 km
In the U.K. distances in miles
STN
SEN
LCY
BQH
LYX

Das Register enthält eine Auswahl der im Cityatlas dargestellten Straßen und Plätze

D

E

F

Q

R

S

STRASSENREGISTER

ABC

Im Register finden Sie alle in diesem Reiseführer beschriebenen Sehenswürdigkeiten, Museen, Unterkünfte, Gaststätten, Einrichtungen und Ausflugsziele sowie die Namen wichtiger Personen.

EAT.
MARKS & S
cashpoint
CAKE
PIES
EAT.

IMPRESSUM

SCHREIBEN SIE UNS!

> Liebe Leserin, lieber Leser,

wir setzen alles daran, Ihnen möglichst aktuelle Informationen mit auf die Reise zu geben. Dennoch schleichen sich manchmal Fehler ein – trotz gründlicher Recherche unserer Autoren/innen. Sie haben sicherlich Verständnis, dass der Verlag dafür keine Haftung übernehmen kann.

Wir freuen uns aber, wenn Sie uns schreiben.

Senden Sie Ihre Post an die
MARCO POLO Redaktion
MAIRDUMONT, Postfach 31 51
73751 Ostfildern
info@marcopolo.de

IMPRESSUM

Fotos: Huber-images: P. Panayiotou (154); mauritius images: S. Vidler (39, 72); mauritius images/ Alamy: R. Ford (106); M. Negwer (57, 65, 75, 78, 84, 96, 98); R.: S. Preston (41); Schapowalow: S. Bennett (34); Schapowalow/4Corners Images: C. Irek (19, 48, 53, 59, 90, 103, 112); Schapowalow/ Huber: S. Kremer (24); Schapowalow/SIME: M. Rellini (8), A. Saffo (21); S. M. Wagner (1)

4., aktualisierte Auflage 2019

Gesamtredaktionelle Betreuung: derschönstesatz (Ronit Jariv), Köln
Lektorat und Satz: Simone Nörling
Autoren: Marten Hahn, Michael Pohl, Kathleen Becker, Angela Kalenbach
Kartografie Cityatlas: © MAIRDUMONT, Ostfildern
Gestaltung Cover: Michael Schipke, MAIRDUMONT; Innengestaltung: Katharina Kracker

Printed in Italy.

MIX
Paper from responsible sources
FSC® C015829

Bild: The Shard und die City Hall

48 h

> Ein Wochenende Spaß haben und dabei jede Menge sparen: Wir haben zwei tolle Tage mit Angeboten aus diesem Band für Sie geplant – und normal teuren Alternativen gegenübergestellt

SA Checken Sie nach dem Frühstück online die Gratis-Wochenend-Events im Kulturkomplex des South Bank Centre, kaufen Sie dann eine **Oyster Card** *(S. 10)* und fahren auf einer der Buslinien damit die wichtigsten Sights ab. Steigen Sie in der Nähe des Leicester Square aus und ergattern Sie dort **am tkts-Kiosk Theaterkarten** für den Abend zum halben Preis *(S. 28)*. Ein schneller Snack auf die Hand in Chinatown von einem der Straßenstände mit Takeaway-Dim-Sum-Klößchen und der am Hotel-Wasserhahn gefüllten Flasche stärkt Sie für den kostenlosen Streifzug durch Highlights der westeuropäischen Kunstgeschichte in der **National Gallery** *(S. 25)*. Später lockt der Besuch einer **Gratis-Konzertprobe in der Kirche St Martin in the Fields***(S. 20)* um 16 Uhr mit der Möglichkeit, vor Ihrem Theaterbesuch einen günstigen Afternoon Tea in der Krypta der Kirche zu genießen. Wer danach noch in die berühmte Currymeile **Brick Lane** geht, spart beim Steh-Bagel in der **Beigel Bakery** *(S. 85)* viel Geld. Dann kuscheln Sie sich gemütlich in Ihr günstiges Bett im **easyHotel** *(S. 96)*.

SO Frühaufsteher joggen am Sonntagmorgen im **Hyde Park** *(S. 37)* und nehmen dann die Piccadilly Line der U-Bahn bis Covent Garden. Hier am Apple-Store beginnt die **Royal-Gratis-Tour von Sandemann's New Europe** durch London *(S. 43)*, mit Endpunkt **Houses of Parliament** *(S. 38)*. Dort überqueren Sie auf der Westminster Bridge die Themse – tolle Blicke! Der Kunstgenuss im Publikumsmagneten **Tate Modern** *(S. 27)* ist kostenlos. Überqueren Sie die Millennium Bridge für den 15.15-Uhr-Evensong-Gottesdienst in der **St Paul's Cathedral** *(S. 40)*. Wer mit Chorälen nichts anfangen kann, mit Prominenten hingegen schon, besucht stattdessen **Madame Tussauds** *(S. 38)*.

LOW BUDGET WEEKEND

SA – LOW BUDGET		REGULÄR	
Doppeldecker-Sightseeingfahrt mit Oyster-Card-Tageskarte	£ 6,80	Doppeldecker-Sightseeing-Bus Normaltarif	£ 29,00
Theater- oder Musicalkarte vom tkts-Kiosk	£ 25,00	Theater- oder Musicalkarte an der Tageskasse	£ 35,00
Chinatown-Snack	£ 3,00	Snack im Dim-Sum-Restaurant	£ 15,00
National Gallery mit Führung		Somerset House Embankment & Courtauld Galleries	£ 8,00
Offene Konzertprobe in St Martin in the Fields		Reguläres Konzert in St Martin in the Fields	£ 26,00
Afternoon Tea Krypta St Martin in the Fields	£ 4,25	Afternoon Tea im Hotel	£ 20,00
Steh-Bagel mit Tee in der Beigel Bakery, Brick Lane	£ 3,50	Hauptgericht mit Getränk im Brick-Lane-Restaurant	£ 13,00
Übernachtung im frühgebuchten easyHotel	£ 25,00	Übernachtung zum regulären Preis im 3-Sterne-Hotel	£ 90,00
SO			
London-Tour mit Sandemann's New Europe		Normal gebuchte Stadtführung	£ 10,00
Tate Modern		Design Museum	£ 16,30
Evensong in St Paul's		Jazz in St Martin in the Fields	£ 8,00
Madame Tussauds mit 2-for-1-Ticket	£ 17,50	Madame Tussauds mit regulärem Ticket	£ 29,00
GESAMT	**£ 85,05**	**GESAMT**	**£ 299,30**

> GESPART £ 214,25

48 h

> Zwei Tage Luxus genießen und trotzdem nicht zu viel bezahlen: Wir haben Tipps für ein Verwöhn-Wochenende aus Angeboten in diesem Band zusammengestellt und mit üblichen Preisen verglichen

SA Beginnen Sie den Tag ganz obenauf: Vom **Monument** *(S. 38)* haben Sie einen Genießer-Blick weit über die Metropole. Erfreuen Sie sich dann am Luxus, mitten im quirligen London im Grünen spazieren zu gehen, etwa im **Hyde Park** *(S. 37)*, oder machen Sie zum Mittag ein feines Picknick auf den Bänken des **St James' Park** *(S. 113)*. Mit einem **Santander-Leihrad** *(S. 11)* geht es anschließend bequem zum Westminster Pier. Von dort bringt Sie ein **City-Cruises-Boot** *(S. 12)* komfortabel zum Paradies für Seebären, Architekturfans und Sternegucker, nach Greenwich. Zurück in der Stadt gibt es einen feudalen Afternoon Tea im **Portrait Restaurant** *(S. 58)* samt warmen Scones mit Clotted Cream und Himbeermarmelade, Gurkensandwiches, Patisserie und Petit Fours. Dann südlich der Themse im kleinen Elektroclub **Corsica Studios** *(S. 80)* die Nacht durchtanzen. Geschlafen wird im luxuriösen, aber günstigen Shoebox des **Hoxton-Hotels** in Shoreditch *(S. 102)*.

SO Nach Ihrem im Hotelpreis inbegriffenen Frühstück im Zimmer und einem Gratis-Anruf bei den Lieben daheim genießen Sie den Weg durch das noble Chelsea und den Battersea Park Richtung **Battersea Car Boot Sale** *(S. 61)* – auf diesem schönen Flohmarkt lassen sich feine Schnäppchen im großen Stil machen. Wahre Shopping-Fans sausen dann weiter zum Designer-Outlet-Viertel **Hackney Walk** *(S. 74)*. Sie müssen sich dort freilich rechtzeitig losreißen, damit Sie um 15 Uhr in der Westminster Abbey dem kostenlosen **Evensong-Gottesdienst** *(S. 40)* beiwohnen können. Das **Pre-Theatre-Menü** ab 17 Uhr im West End bietet anschließend bezahlbare Gaumenfreuden in Top-Qualität. Danach lässt man den Abend cool bei einem Jazz- oder Blueskonzert in der **Bar Ain't Nothin But** ausklingen *(S. 78)*.

LUXUS WEEKEND

SA

LOW BUDGET		REGULÄR	
Eintritt Monument	£ 5,00	Eintritt London-Eye-Riesenrad	£ 24,30
Picknick im Park	£ 5,00	Mittagessen im Restaurant	£ 12,00
Santander-Leihrad 30 Min.		Regulärer Radverleih	£ 3,50
City-Cruises-Bootstour Westminster Pier–Greenwich (Oyster Card)	£ 10,00	City-Cruises-Bootstour Westminster Pier–Greenwich regulär	£ 12,75
Afternoon Tea im Portrait	£ 27,50	Afternoon Tea im Ritz	£ 57,00
Tanzen im Club Corsica Studios	£ 5,00	Tanzen im Club Fabric	£ 20,00
Übernachtung im Hoxton-Hotel	£ 89,00	Übernachtung in einem üblichen 4-Sterne-Haus	£ 132,00

SO

LOW BUDGET		REGULÄR	
Schnäppchen-Outfit auf dem Battersea Flohmarkt	£ 40,00	Outfit aus Covent-Garden-Boutiquen	£ 400,00
Karo-Schirm vom Burberry-Outlet	£ 70,00	Burberry-Schirm aktuelle Kollektion	£ 190,00
Evensong at Westminster Abbey		Regulärer Eintritt Westminster Abbey	£ 20,00
Pre-Theatre-Dinner-Menü mit drei Gängen	£ 15,00	Reguläres Dinner	£ 40,00
Blueskonzert im Ain't Nothin But		Konzert im Jazz-Club Ronnie Scott's	£ 12,50
GESAMT	**£ 266,50**	**GESAMT**	**£ 924,05**

> GESPART £ 657,55

Watford Junction
Watford High Street
Bushey
Carpenders Park
Hatch End
Headstone Lane
Harrow & Wealdstone
Kenton
South Kenton
North Wembley
Wembley Central
Stonebridge Park
Harlesden
Willesden Junction
Chesham
Chalfont & Latimer
Amersham
Chorleywood
Rickmansworth
Watford
Croxley
Moor Park
Northwood
Northwood Hills
Pinner
North Harrow
Harrow-on-the-Hill
Northwick Park
Preston Road
Wembley Park
West Ruislip
Uxbridge
Hillingdon
Ickenham
Ruislip
Ruislip Manor
Eastcote
Rayners Lane
West Harrow
South Harrow
Sudbury Hill
Sudbury Town
Alperton
Park Royal
North Ealing
Ealing Broadway
Ealing Common
Ruislip Gardens
South Ruislip
Northolt
Greenford
Perivale
Hanger Lane
North Acton
East Acton
West Acton
Acton Central
South Acton
Acton Town
Stanmore
Canons Park
Queensbury
Kingsbury
Neasden
Dollis Hill
Willesden Green
Kilburn
West Hampstead
Finchley Road
Swiss Cottage
St. John's Wood
Baker Street
Bond Street
Green Park
Westminster
Waterloo
Edgware
Burnt Oak
Colindale
Hendon Central
Brent Cross
Golders Green
Hampstead
Belsize Park
Chalk Farm
Camden
Mill Hill
Finchley Road & Frognal
Brondesbury Park
Brondesbury
Kensal Rise
Kensal Green
Kilburn H. Rd.
South Hampst.
Queen's Park
Kilburn Park
Maida Vale
Warwick Avenue
Edgware Road
Marylebone
Great Portland Street
Warren Street
Regent's Park
Oxford Circus
Goodge Street
Tottenham Court Road
Royal Oak
Westbourne Park
Ladbroke Grove
Latimer Road
White City
Wood Lane
Shepherd's Bush
Shepherd's Bush Market
Goldhawk Road
Hammersmith
Barons Court
Paddington
Bayswater
Holland Park
Notting Hill Gate
Lancaster Gate
Queensway
Marble Arch
High Street Kensington
Kensington (Olympia)
Hyde Park Corner
Piccadilly Circus
Knightsbridge
Gloucester Road
St. James's Park
South Kensington
Sloane Square
Victoria
Earl's Court
West Kensington
West Brompton
Fulham Broadway
Parsons Green
Putney Bridge
Imperial Wharf
River Thames
Pimlico
Vauxhall
East Putney
Clapham Junction
Wandsworth Road
Southfields
Clapham High Street
Clapham North
Clapham Common
Clapham South
Wimbledon Park
Wimbledon
Balham
Tooting Bec
Tooting Broadway
Colliers Wood
South Wimbledon
Dundonald Road
Merton Park
Morden
Morden Road
Phipps Bridge
Belgrave Walk
Mitcham
Beddington Lane
South Ealing
Northfields
Boston Manor
Osterley
Hounslow East
Hounslow Central
Hounslow West
Hatton Cross
Heathrow Terminals 1, 2, 3
Heathrow Terminal 5
Heathrow Terminal 4
London (Heathrow)
Chiswick Park
Turnham Green
Stamford Brook
Ravenscourt Park
Gunnersbury
Kew Gardens
Richmond
Bakerloo
Central
Circle
District
District open weekends and public holidays
Hammersmith & City
Jubilee
Metropolitan
Northern
Piccadilly
Victoria
Waterloo & City
Docklands Light Railway (DLR)
London Overground
Emirates Air Line
TfL Rail
London Trams
Transport for London